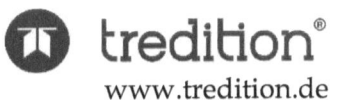

Roland Schunke

SoulCity - Protokoll

Ein Stück entsteht

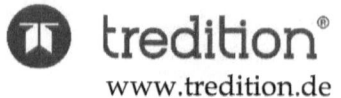
www.tredition.de

© 2016 Roland Schunke

Verlag: tredition GmbH, Hamburg

ISBN
Paperback: 978-3-7345-3622-9
Hardcover: 978-3-7345-3623-6
E-Book: 978-3-7345-3657-1

Printed in Germany

Das Werk, einschließlich seiner Teile, ist urheberrechtlich geschützt. Jede Verwertung ist ohne Zustimmung des Verlages und des Autors unzulässig. Dies gilt insbesondere für die elektronische oder sonstige Vervielfältigung, Übersetzung, Verbreitung und öffentliche Zugänglichmachung.

SoulCity

Mannheimer Bürgerbühne

SoulCity - Protokoll
über die erste Produktion der Bürgerbühne des Nationaltheaters Mannheims

Ein besonderer Dank allen Ensemble – Mitgliedern

Andy, Anja, Hans, Irabelle, Katharina, Melanie, Miri,
Özlem, Rainer, Renate H., Renate S., Reyhan, Ulla

In bewegender Erinnerung an Traugott „Kosi" Kosian

SoulCity

Mannheimer Bürgerbühne

Ein Dankeschön an das Team des Nationaltheaters, die uns stets professionell begleitet haben

Regie	Lajos Talamonti
Bühne, Kostüm	Anke Niehammer
Musikalische Beratung	Joe Völker
Licht	Damian Chmielarz
Dramaturgie	Stefanie Bub, Tilman Neuffer
Produktionsleitung	Alexander Bauer
Regieassistenz	Tarik Goetzke
Inspizienz	Richard Albrecht
Regiehospitanz	Elizabeth Burris
Ausstattungshospitanz	Nele Schmitt

Prolog

Für uns beginnt dieser Abend mit der Ewigkeit vor unserem Erscheinen, vor unserer Geburt. In der geben wir den Dingen Zeit sich zu entwickeln, damit etwas zu sehen ist, wenn wir kommen. Während wir noch nicht da sind, wird das Mondgestein aus der Erde gerissen, versinken Farnwälder unter die Meere und Reptilien lernen fliegen. Der opponierbare Daumen wird erfunden. Dann stehen wir schon an der Schwelle. So betrachtet ist jeder hier eine Erfolgsgeschichte. Niemand hier in diesem Haus ist zur Unzeit gestorben. Keiner unserer Vorfahren ist gegangen, gefressen worden ohne ein kleines Packet Gene zu hinterlassen aus dem über viele Generationen WIR geworden sind. Und auch wir haben uns noch nicht vom Collini Center gestürzt, der größten Eigentümergemeinschaft Deutschlands. Irgendwo, vor sehr langer Zeit, haben unsere direkten Verwandten in einer Höhle gesessen, sind Tieren nach gejagt, haben Feuer entzündet, dessen Licht heute noch brennt. Dessen Wärme heute noch wärmt. Dann folgt das Weltalter unseres Daseins. In dieser Zeit überzeugen wir uns vom Stand der Dinge. Das gilt auch für den heutigen Abend. Danach, in der zweiten Ewigkeit, wenn wir gestorben sein werden, überlassen wir die Dinge wieder ihrem Lauf. Nicht ohne uns davon überzeugt zu haben, dass unser Dasein und das übrige nicht wirklich zusammenpassen. (Miri)

Jedem Anfang soll ein Zauber innewohnen

Der 12.05.2015 hätte ein ganz normaler Tag sein können. Da ich solches schreibe, dürfen Sie gerne vermuten, dass es eben kein normaler Tag war. Sicherlich für jene nicht, die sich an diesem Tag des Datums wegen das Ja-Wort gaben. Aber davon wollte ich eigentlich nicht erzählen. Sicher war es auch kein normaler Tag für alle, die sich für den SAP-Marathon vor Wasserturm und Rosengarten versammelten, um ihre physischen und psychischen Kräfte zu messen. Bedauerlicherweise durfte ich mich auch dazu zählen. Ich zog das große Los, als einige Kollegen meinten, sich als Mannschaft anzumelden. Mir, gerade kein begnadeter Läufer, sollten 4,5 km zugewiesen werden. Damit erklärte ich mich einverstanden. Als der 12.05.2012 mit leicht verregnetem Sonnenlicht erwachte, sagten zwei unserer Mannschaft für den Lauf ab und, da niemand anderer bereit war einzuspringen, durfte ich diese Ehrenrunden drehen. Aber auch davon wollte ich nicht erzählen. Das Besondere an diesem Tag war für mich und etwa 50 andere ein Treffen in der Lobby des Studio - Werkhaus in der

Mozartstraße, eine Nebenbühne des Nationaltheaters Mannheim. Was war vorausgegangen.

Ende März oder Anfang April 2012, veröffentlichte das Nationaltheater Mannheim im Wochenblatt der Stadt Mannheim und auf seiner Internetseite folgenden Text:

Das Nationaltheater sucht musikbegeisterte Mannheimerinnen und Mannheimer, die Lust haben, Theater zu spielen.

Wie klingt Ihr Leben? Wir klang es, als sie noch jünger waren? Was erzählt Ihnen der Klang über die Zeit, in der Sie leben? Soul, Schlager, Rock, Rap, Pop, Jazz, Klassik, Folk – was gibt Ihnen den Takt vor? Welcher Sound richtet Sie auf? Sorgt für Rhythmus und Stimmung in Ihrem Alltag? Welche Geschichten über Sie, das Leben, die Stadt und die Zeit öffnet „Ihre" Musik?

Verraten Sie uns Ihr Lieblingslied, Ihre Geschichtsschreibung, Ihre geheimsten und Ihre gemeinsamen musikalischen Praktiken, geben Sie uns Einblick in Ihre Plattensammlung, Ihre Erinnerungen, Ihre Gedanken!

Wir suchen Chorsänger, Bandmitglieder, Groupies, DJs, Unter-Der-Dusche-Singer, Ruhe- und Ekstasesucher, die Xavier Naidoos von gestern und morgen –kurz: MannheimerInnen zwischen 20 und 70 Jahren, in deren Seele die Musik wohnt, um zu erfahren: Wie klingt Mannheim?

 Ziel ist eine Theaterproduktion, die im September 2012 Premiere haben wird. Wenn Sie Lust haben, auf der Bühne zu stehen und mitzuspielen, freuen wir uns über Ihre E-Mail!

Informations- und Austauschwochenende: 12./13.05.2012

Anmeldung bis 30. April per Mail an stefanie.bub@mannheim.de mit kurzer Beschreibung Ihrer Person und Ihrer musikalischen Leidenschaft sowie Angabe Ihrer Telefonnummer.

NATIONALTHEATER MANNHEIM

Das genaue Erscheinungsdatum ist mir nicht mehr in der Erinnerung. Und dafür gibt es einen Grund: Ich habe den Text zwar in der Zeitung überflogen aber mangels weitergehendem Interesse nicht gelesen. Ich kann nicht sagen, dass ich nicht interessiert war oder darüber nachdachte, was damit gemeint sein könnte. Zum damaligen Zeitpunkt war dieser Text für mich ohne mich berührende Information. Mir und sicher auch vielen anderen geht es sicher oft so. Unser Hirn filtert die Unmenge der auf uns einströmenden Informationen nach unserem jeweils geltenden Bewusstseinsbefinden. Manches wird sodann nicht erkannt oder unwissentlich verworfen.

Wenige Tage später sprach mich eine gute Bekannte auf diese Annonce an. Sie fragte, ob ich das gelesen hätte. Mit einem ungläubigen Ja-Schon-Aber bekundete ich ein oberflächliches Wissen. Als sie aber fragte, was ich davon hielte, musste ich passen. Dann riet sie mir den Text, den Sie mir dann per Mail zukommen ließ, nochmals ausgiebig zu lesen. Ich wäre genau der Richtige, um dort mitzuspielen. Auf meine etwas naive Nachfrage des warum, meinte sie, ich könne doch hervorragend singen und Musik machen und hätte zudem langjährige Bühnenerfahrung, das wäre doch für mich völlig „easy".

Ich las die Anzeige und war mir unschlüssig. Ja, es klingt gut. Nein, das ist doch sicher nichts für mich, vielleicht – ob die mich überhaupt haben wollen? Ich habe zwar einen Großteil meines beruflichen Lebens im sicheren Wasser des Berufsbeamtentums verbracht, aber meine innerste Bestimmung gehörte der Musik. Es würde zu weit führen, zu erläutern, warum mein Weg letztendlich nicht in den Bereich der Musik mündete. Nur dies: Als Sechsjährigen befragte mich Vater beiläufig während eines Mittagsessens, was ich „mal werden möchte". Wie aus der Pistole sprudelte es aus mir heraus: Musiker. Ich hatte damals eine glockenreine Stimme, trällerte alles, was ich im Radio hörte und durfte, was eher einem musste glich, sonntäglichen Besuch auf einem in die Mitte gerückten Stuhl thronend unterhalten. Meine erste Bühne. Meinem Vater schien die Aussage, Musiker werden zu wollen, nicht recht zu sein. Von diesem Tag an verbarg er eine Geige, die er nicht gut aber doch für den Hausgebrauch, insbesondere an Weihnachten, leidlich spielte. Er wollte hierdurch wohl keine äußeren Anreize setzen, meinen Wunsch zu beflügeln, Musiker zu werden.. Zu einem viel späteren Zeitpunkt hörte ich ihn einmal sagen, dass sein Onkel Kapellmeister war und dieser in seinen alten Tagen die Kartoffeln „aus dem Schweinetrog fraß", in den Jahren ab 1920! Doch was hat dies mit der beabsichtigten Produktion im Nationaltheater zu tun? Ich habe in vielen Ensembles gespielt und gesungen und es gab nie Beanstandungen an dem, was ich ablieferte. Meine Musikerkollegen und auch das Publikum habe ich stets aufs Beste zufriedenstellen können. Aber, es war immer ein seelischer Spagat zwischen Zweifeln am eigenen Können mit Versagensängsten und vielen widergekäuten Gedanken ans Aufhören bis zu überheblich wirkendem Auftreten, dem rechten Maß entrückt.

Ich erinnere mich an die Aussage eines Musikerkollegen, Werner (Saxophon, Klarinette). Mit ihm spiele ich seit 35 Jahren zusammen und nie haben wir uns über unser gegenseitiges Spiel geäußert. Allein die Tatsache, dass wir es so lange miteinander ausgehalten haben, sollte Anerkennung für jeden von uns sein. Doch wenige Wochen vor dem 12.05.2015 meinte er anlässlich eines Telefonats nach einem Auftritt, ich denke, es war ihm ein besonderes Bedürfnis: Wenn du singst, hört man wie deine Seele mitswingt.

Mitte April 2012 ich meine Bewerbung an Steffi Bub gemailt.

„Sehr geehrte Frau Bub, auf der Internetseite des NTM, das ich regelmäßig besuche, habe ich Ihre Information gelesen, dass Sie Musikbegeisterte suchen. Nun, ob ich in Ihr Schema passe?

Verwaltungsleiter beim Amtsgericht Mannheim

Mein musikalisches ‚Leben'

Ich stehe seit meinem 15. Lebensjahr auf der Bühne. Angefangen habe ich mit der Wandergitarre, in diversen Jugendbands. Zwischen dem 22. Und 27. Lebensjahr habe ich von der Musik gelebt.

Danach Abitur, FH-Studium, Dipl. Rechtspfleger (FH)

Ich singe auch recht gut, sagt man, mag Jazz und Swing, Bigbands und habe ein reichhaltiges Programm z.B. New York, My way, Funny Valentine, Moonlight in Vermount, Fly me to the moon …

Ich habe seit Jahren ein Swing Quartett (TAKE SWING) und spiele Kontrabass.

….

Wer mich kennt, weiß, dass ich viel Musik in mir habe und auch lebe.

Herzlichen Gruß"

Am 07.05.2012 erhielten ich und alle anderen Interessenten folgende Nachricht:

Betreff: *Nationaltheater-Projekt – Einladung zum Informations- und Auswahlwochenende*

Liebe Musik- und Theaterbegeisterte,

wir freuen uns sehr über Ihr Interesse, bei unserem Theaterprojekt über Mannheimer und „ihre" Musik mitzumachen und laden Sie herzlich zum Info- und Auswahlwochenende ein.

Bitte kommen Sie am **Sa, 12.05. um 15:00 Uhr** *zu einem ersten Kennenlernen zu uns ins Nationaltheater. Dieses Kennenlernen wird voraussichtlich in Form eines Gesprächs in einer Kleingruppe stattfinden und ca. 20 Minuten dauern.*

Sie brauchen nichts Besonderes vorzubereiten oder mitzubringen.

Bitte seien Sie **spätestens 5 Minuten vor diesem Termin an der Pforte des Werkhauses, Mozartstraße 5 (Außentreppe hochgehen).**

Diejenigen von Ihnen, die wir dann ein zweites Mal für Sonntagnachmittag (13.05.) einladen möchten, rufen wir spätestens am Sonntagmorgen an.

Da wir sehr viele Anmeldungen bekommen haben, und wir Sie gern alle kennenlernen möchten, freuen wir uns, wenn Sie uns helfen, einen reibungslosen Ablauf zu ermöglichen! Sollten Sie am Samstag nicht kommen können oder doch nicht mehr am Projekt teilnehmen wollen, teilen Sie uns dies bitte mit.

Wir freuen uns sehr darauf, Sie am Samstag kennenzulernen.
Herzliche Grüße

Steffi Bub

Am 10.05.2012 notierte ich in meinem Tagebuch:

Am Samstag, 12.05., 15:00 Uhr Studio Werkhaus. Vorgespräch wegen Theaterprojekt. Ich gehe hin und höre mir das mal an. Ruhig, unaufgeregt, abwartend, interessiert. Wenn ich in Frage komme, melden sie sich am Sonntagmorgen.

Pünktlich, wie gebeten 5 Minuten vor der Zeit, fand ich mich in der Lobby des Werkhauses ein. Heute kann ich zugeben, ganz so ruhig und unaufgeregt, wie ich dies vermerkte, war ich nicht. Bereits am Morgen trieben allerlei widersprüchliche Gedanken über das nachmittags Kommende, das Kommen-Könnende, das Vielleicht-Werdende und alles Mögliche und Unmögliche ein grausames Was-Wäre-Wenn-Spiel. Sobald Neues auf mich zukommt, versuche ich stets wie ein Schachspieler „1000 Züge" vorauszuahnen, ohne zu wissen, welche Eröffnung gespielt wird. Bereits eine Stunde vor dem Termin bin ich in Richtung Nationaltheater gelaufen, um auf keinen Fall – bis zu jenem Zeitpunkt kannte ich das Studio Werkhaus noch nicht – zu spät zu kommen.

Um 15:00 Uhr saßen sechs Bewerberinnen und Bewerber an einem Tisch zusammen mit Steffi Bub, Tarik Goetzke und einer weiteren Person des Nationaltheaters, deren Name ich nicht mehr weiß. Das erste was uns mitgeteilt wurde: „Beim Theater sind alle per Du!" BEIM THEATER!! Sogleich wurden wir aufgefordert der Reihe nach zu erzählen. Was man beruflich und privat macht? Was verbindet man mit Mannheim? Welche Musik hört man, spielt man gerne? Warum möchte man bei diesem Projekt mitmachen? Ich werde erzählt haben, was ich schon schrieb, dass ich Verwaltungsleiter beim Amtsgericht Mannheim sei, dass ich Gitarre und Kontrabass spiele und dass mir Swing-Musik besonders am Herzen liege. Da ich die Frage, warum ich mitmachen möchte, aufgrund meiner leidvollen Gedankenspiele erwartet hatte, war ich um eine Antwort nicht verlegen. Ich sähe mich in der Lage, einen guten Beitrag zum Gelingen der Produktion beizutragen und fände es äußerst spannend, einmal „das Theater" auf der Bühne und nicht im Zuschauerraum zu erleben.

Am Sonntag stand ich früh auf. Der Samstag war wegen des Laufwettbewerbs und des Treffens im Theater zu kurz, um die Wohnung aufzuräumen. Das Wochenende bleibt für einen Berufstätigen oft der einzige Zeitraum, um für Ordnung zu sorgen. Allerdings kam ich nicht wie gewohnt in Trab, die Strapazen der 12,5 km vom Vortag drückten auf eine Stimmung, die Regeneration dauerte an. Den Putztrieb habe ich mit Bad und Küche befriedigt und mich dann einer Tätigkeit zugewandt, die für mich absolut stress- und gedankenlos verläuft. Ich rührte einen Hefeteig an, um daraus einen Zopf für die Woche zu backen. Beim Backen und Kochen kann ich abschalten, da fallen alle lieb- und unliebsamen Gedanken von mir ab. Um 11:20 Uhr hatte es sich mit der Ruhe. Ich erhielt den angekündigten Anruf des Theaters und ich wurde gebeten, mich um 15:30 Uhr in der Lobby im Werkhaus einzufinden. Und wenn ich zuvor schrieb, dass alle Gedanken abgefallen wären, sollte ich des relativieren. Zwischen den einzelnen Arbeitsschritten spülten sich Gedankenfetzen zwischen Mehl und Zucker, was wäre, wenn sie mich nicht nehmen?. Die Rosinen wurde handverlesen zum Teig gegeben, ja-nein-ja-nein, und beim zweiten Kneten des aufgegangenen Teigs packte ich kräftig zu. Ich ärgerte mich über einen Gedanken, der mir das Bild einer Waage vor die Augen führte, deren Ausschlag zeigte, dass ich für zu leicht befunden würde.

Nachmittags saßen wir zu viert (Wer neben mir anwesend war, weiß ich nicht.) , mit Steffi und Tarik an einem Tisch. Tarik versuchte uns Sinn und Ausgestaltung der Produktion zu erläutern und welcher Art unsere Aufgaben sein würden. Ich möchte jetzt nicht den Eindruck vermitteln, dass Tarik unfähig gewesen wäre, seine Vorstellungen klar und deutlich zu vermitteln, allein ich hatte Schwierigkeiten, den Nebel vor meinen Augen zu entfernen.

Jeder soll seine Tagesmuster notieren. Und wenn es einem schlecht ginge, aufschreiben, wie man sich dann fühle und was man täte, um dies zu überstehen?

Es ging also darum, höchst Persönliches preiszugeben. Ich schaute in die Runde und fragte mich, ob die anderen ähnlich dachten. Ich in mich. Würde ich bereit sein, ich, der so eine Art einsamer Wolf ist, öffentlich nicht gerade intime aber doch mich ganz persönlich berührende Erlebnisse preiszugeben und meinen Lebenslauf ohne wenn und aber offenzulegen?

Als hätte Tarik meine Gedanken, will ich das, mache ich da mit, erraten, fügte er sachlich an: „Von den aktuell zweiundzwanzig verbliebenen potentiellen Mitspielerinnen und Mitspielern springen sicher noch einige ab. Wir rechnen mit einer Gruppengröße zwischen acht und sechzehn."

Es klang wie eine betriebswirtschaftliche Kosten-Nutzen-Analyse für die Produktion von Pfannen und Töpfen: Schwund ist eingerechnet.

Musik solle auch gemacht werden und wenn möglich, eine Band zusammengestellt werden. Und als letztes meinte er: Wer jetzt noch da ist, IST DABEI!

Dieser Satz ist in meinem Tagebuch rot unterstrichen und ich gebe es gerne zu, es war ein tolles Gefühl, rührend und berührend. ICH BIN DABEI. Doch nicht zu leicht!

Sodann folgten für den Augenblick des kurzen Adels belanglose Informationen. Steffi übermittele an alle in den nächsten Tagen Fragen und Aufgaben. Die Proben begännen am 20.08.2012, die Premiere solle am 28.09.2012 stattfinden. Direkt nach der Premiere sollen zwei bis drei Vorstellungen angeboten werden, und für die Spielzeit 2012/2013 würden weitere zwölf bis dreizehn Vorstellungen vorgesehen.

Auf den Nachhauseweg haben wir vier noch etwas miteinander gesprochen. Da wusste ich, dass mindestens eine von uns, die nichts Persönliches preisgeben wollte, absagen würde. Als ich dann alleine nach Haue ging, ging, interessierte mich dies nicht mehr. Für mich war es der Aufbruch zu etwas Neuem, etwas Anderem, etwas Forderndem. Ich hätte sogleich loslegen können, denn mein Inneres hüpfte förmlich vor Freude. Ein Projekt für die komplette Spielzeit. Unglaublich, ich durfte dabei sein. Ich hoffte sogleich, dass es etwas Gutes wird und dass ich von mir alles forderte, was ich zu geben vermochte. Die Erwartung, dass ich zum Gelingen etwas beitragen könnte, machte mich stolz. Was würde ich neues lernen und welche tollen Eindrücke von der Theaterarbeit könnte ich mitnehmen?

Am Montag, dem 14.05.2012 habe ich Steffi geschrieben:

„Liebe Steffi, zunächst möchte ich anmerken, dass ich mich über eure Bekanntschaft gefreut habe.

Ich habe mir die beiden letzten Tage und die bei euch gewonnenen Eindrücke durch den Kopf gehen lassen und bin zu dem Ergebnis gekommen, dass ich gerne mitarbeite möchte und das mit allem, was mir möglich ist." Und sodann habe ich, im vorauseilenden Gehorsam, bereits einiges aus meinem Leben erzählt.

Am 14.05.2012 las ich im Mannheimer Morgen:

Nationaltheater: Neues Programm veröffentlicht

Mannheim. Mit 39 Premieren in Oper, Junger Oper, Schauspiel, Ballett und Schnawwl sowie rund 70 Wiederaufnahmen in allen Sparten will das Nationaltheater in seiner 234. Spielzeit ab September die Menschen in Mannheim und der Region begeistern. Zum ersten Mal Kündigt das Haus am Goetheplatz bei der Pressekonferenz gestern auch an, vermehrt mit den Bürgern der Stadt Theater machen zu wollen. **Als Pilotprojekt, aber laut Oberbürgermeister Peter Kurz durchaus als sechste Sparte angedacht, startet am 28. September die „Mannheim Bürgerbühne" mit „Soulcity".**

Und nun war meine Welt bis zum 16.05.2012, 13:24 Uhr in bester Ordnung.

Doch dann sah ich eine E-Mail von Steffi in meinem elektronischen Briefkasten.

„Liebe *SoulCity*-Interessierte,

hiermit laden wir Euch alle noch einmal herzlich ein, in den nächsten Wochen „Archäolgie in Euren Biografien zu betreiben". Denn nachdem wir Euch alle kennengelernt haben, sind wir umso überzeugter, dass die besten Geschichten das Leben schreibt, und dass unsere Theaterproduktion nur davon profitieren kann, wenn hinter Fassaden geblickt wird und auf Zwischentöne gehört werden darf.

Unten findet Ihr noch einmal die drei Aufgaben, die Euch als Werkzeuge dienen sollen, um Material zu erarbeiten, bevor dann die Proben im August losgehen. Wichtig ist, dass Ihr dabei ganz unvoreingenommen in Euch hinein (hört) und auf Euer Leben schaut und das, was Ihr beobachtet nicht beurteilt. Beschreibt bitte außerdem die einzelnen Situationen so bildhaft und korrekt wie möglich. Es geht nicht daum, eine vollständige Biografie epischen Ausmaßes abzuliefern, sondern eher um Momentaufnahmen, an denen sich ein Leben vielleicht wendet, und die uns eine Idee davon vermittelt, wie Identitäten (mit all ihren Widersprüchen) entstehen.

Aufgaben:
1. Führt ein „geheimes Tagebuch", in dem Ihr das notiert, was Ihr wirklich denkt, während Ihr mit anderen Leuten sprecht. Beobachtet Euren inneren Zustand, achtet darauf, wann Ihr in Wirklichkeit gelangweilt, genervt etc. seid, während Ihr nach außen etwas anderes darstellt. Beispiel .....
Achtet auf Stimmungswechsel, zwischen welchen Atmosphären Ihr hin- und her geratet, in welchen Situation die Diskrepanz zwischen Innen und Außen besonders groß ist, was Eure Tricks und Spielchen sind, um durch den Alltag zu kommen.

Beobachtet Euch selbst wie ein Wissenschaftler seinen Untersuchungsgegenstand, beschreibt sachlich, was Ihr beobachtet habt, ohne zu bewerten!
2. Betrachtet Eure Biografie unter den Aspekten „allein" und „zusammen mit anderen":
Was waren gemeinschaftsbildende, was trennende Ereignisse? Sind diese einfach passiert oder habt Ihr sie aktiv herbeigeführt? Wann wart Ihr sozial eingebunden, wann allein? Wann war dies gezwungenermaßen, wann freiwillig gewählt? Wann wart Ihr selbstbestimmt, wann fremdbestimmt? Wann war das Alleinsein / das Zusammensein schwierig, wann leicht?
3. Erstellt eine Playlist Eures Lebens.

Als Anregung für dies alles, hier noch einige Begriffe, die wichtige Punkte im Leben bezeichnen können: Geplantes, Zufälle, Überraschungen, Unfälle, Krankheiten, Liebe, Beziehungen, Trennungen, Geburten, Tod, Arbeit, Zwang, Befreiung, Wagnisse, Scheitern, Verpasstes, Erwartetes, Verlorengegangenes, Verletzungen, Enttäuschungen, Glücksmomente.

Wir werden sehen, was sich ergibt, wenn Ihr diese „Landkarten Eures Lebens" erstellt habt, und wenn wir sie übereinander legen. Im Laufe des Probeprozesses werden wir dann herausfinden, wie wir alle einzelnen „Puzzleteile" am besten zusammensetzen können, und wie sich so auch im Lauf des Abends ein Panorama von Verbindendem und Allgemeingültigem ergeben kann.

Natürlich werden wir, wie gesagt, alles, was wir von Euch in der nächsten Zeit zu lesen bekommen, vertraulich behandeln.

Wir gehen davon aus, dass diejenigen, von denen wir bis 25.06.2015 nichts gehört haben, nicht mehr daran interessiert sind, bei diesem Projekt mitzumachen.

Der Probenzeitraum ist 20.08. – 28.09.2012 (voraussichtlich abends und am Wochenende), Premiere ist am 28.09.2012, nächste Vorstellungen: 29.09.; 30.09., weitere Termine in der Spielzeit 2012/13 werden folgen!

Herzliche Grüße & bis bald

Steffi"

Notiert, was Ihr wirklich denkt? Beobachtet Euren inneren Zustand? Wann Ihr wirklich genervt seid? Wann Stimmungen wechseln? Wann die Diskrepanz zwischen Innen und Außen besonders groß ist? Als ich die Aufgaben am 16.05. durchlas, habe ich als aller erstes in mein Tagebuch geschrieben: „Warum tust du dir das an? Du hast Stress genug – und jetzt auch noch das." In meinem Inneren brodelte es, nach dem A wie Anfang sollte das B für Beginnen kommen. Doch drängte sich ein Ä dazwischen. Ä wie Ärger. Nein, kein Ärger auf das Theater, auf die Mitarbeiter des Theaters oder auf meine Bekannte, die mir geraten hatte, mich zu bewerben. Mir alleine galt. Meine Stimmung war im Keller und Innen und Außen waren soweit auseinander wie Himmel und Hölle. Dass ich in einem Anflug von Euphorie, aus Freude am Dabei-Sein, vorschnell entschieden hatte mitzumachen, ohne die Folgen zu bedenken. Alleine die ‚Aufgaben' abzuarbeiten schien mir den Berg des Sisyphus erklimmen zu sollen, wissend, dass dies scheitern müsse. Ich fasste mich und tat, was allen Studenten vor einer vorschnellen Lösung geraten wird: Ich las den nächsten Absatz: Was sind eure Tricks, um durch den Alltag zu kommen? Ich erinnerte mich der alten preußischen Beschwerdeordnung, wonach man zunächst eine

Nacht über das schlafen sollte, über was man sich beschweren möchte. Nicht ganz passend, aber hilfreich. Bevor ich mich in weitere zermürbende Gedankenspiele einließ, entscheid ich alles beiseite zu legen und mir dies erst ein paar Tage später erneut anzuschauen. Zudem bin ich mir selbst selten ein Rätsel. Als Fisch sind mir Nachentscheidungsdissonanzen durchaus bekannt. Man lädt mich um 14:00 Uhr zu einer abendlichen Party ein, um 15:00 Uhr sage ich wegen Magenschmerzen ab, und 19:00 Uhr erscheine ich dennoch und um 20:00 Uhr frage ich mich, was ich auf der Party soll. Der Fisch hat es einfach nicht leicht!

Ausgeschlafen und frischen Mutes folgte das B für Begutachten und Beginnen. Und einem Tief folgte ein Hoch und in wenigen Stunden legte ich mir Tabellen in einem Notizbuch im Quartformat an.

Biografie unter dem Gesichtspunkt
- allein und zusammen mit anderen
- gemeinschaftlich - trennend – passiv – aktiv

Wann war das Alleinsein / das Zusammenleben einfach /schwierig

- sozial eingebunden – allein – gezwungen – freiwillig – selbstbestimmt – fremdbestimmt

Playlist meines Lebens

Drei Wochen grub ich in meinen Erinnerungen, wühlte in Tagebüchern und Fotoalben, trug Erkenntnisse in den jeweiligen Spalten ein, verwarf, korrigierte, ergänzte, markierte Zeilen mit einem Stern als Verweis auf andere Seiten. Nach diesen qualvollen Tagen nahm ich mir eine Flasche Rotwein und eine Auszeit. Wer will schon alles von und über sich wissen? Manches zwängte sich aus der tiefsten Vergangenheit in das Jetzt. Manches von diesem hätte ich gerne im Dunkeln verderben sehen. Doch wenn der Geist der Flasche entweicht, wenn der Besen macht, was er will, hieße es Meister und nicht Zauberlehrling zu sein. Einem guten Glase Wein kann man sich in solchen Situationen aber auch treulich anvertrauen.

In den ersten Tages des Juni 2012 übermittelte ich Steffi meine Aufzeichnungen. Sechs bedruckte Seiten Biografie! Eine Seite mit meinen Musiktiteln. Was schrieb ich? Was übertrage ich davon hier? Auszüge.

„Sicher würde es den Rahmen sprengen, umfänglich die Frage, ob ein Mensch ein Leben selbstbestimmt bestreitet und aktiv Prozesse steuert, zu beantworten. Hierüber haben sich Psychologen der vergangenen Jahrtausende nicht nur die Köpfe heiß diskutiert, sondern auch manchmal dieselben eingeschlagen.

Kindheit und Jugend verliefen mit einem herrischen Vater und einer duldenden Mutter unreflektiert. In der Schule gab es noch die Prügelstrafe, einer meiner Lehrer, dessen Name ich auch heute noch weiß, mochte Züchtigungen mit dem Lineal auf die Fingerkuppen. Und wer seine Hand entzog, verdiente sich eine Extraportion. Unser Ort im Hunsrück war ein bäuerlicher, Geschrei und gewalttätige Aktionen waren in den 60er Jahren durchaus an der Tagesordnung. Ein paar Alteingesessene meinten einem ‚Langhaarigen' zeigen zu müssen, wo „es langgeht" und schnitten ihm, in leicht alkoholisierten Zustand die Haare ab. Das führte zu einer heftigen Diskussion mit meinem Vater. Er war Dorfpolizist. War ich als Kind glücklich? Da ich bis heute mit dem Wort wenig anzufangen weiß, reduziere ich es auf diese Aussage: Ich werde mich als Kind an vielem gefreut haben. Insbesondere über einen Streif-Bären, der mir von meiner Großmutter zum zweiten. Geburtstag geschenkt wurde. Er ist über alle Jahre eine Art Freund meiner inneren Kommunikation geblieben. Besonders bedanke ich mich bei einem selbstlosen Lehrer, der es in tagelangen Kämpfen mit meinem Vater erreichte, dass ich das Gymnasium besuchen durfte. Wie hätte ich sonst der Literatur näher treten können? Goethes Faust war mein Wegbegleiter. Die Zeile „Die Sonne tönt in alter Weise .." gibt mir immer neue Kraft.

Unter der Rubrik „Besondere Ereignisse" trug ich ein und füge dies nur der Vollständigkeit ohne Ausführungen an: Gescheiterte Ehen, Erkrankung der Tochter, meine Erkrankungen, Liebe - möglich? Freundschaft – einmalig? , Beziehungen – fraglich?. Besonders habe ich den kurzen Polizeidienst hervorgehoben. Ich habe die Ereignisse an der ersten Startbahn WEST in Frankfurt miterlebt. Die Startbahngegner und wir junge Polizisten der Bereitschaftspolizei, die für eine desolate Politik den Kopf hinhalten durften, lieferten uns regelrechte Schlachten. Kollegen wurden von Pflastersteinen getroffen, erlitten Kieferbrüche und Augenverletzungen. Damals entschied ich, nie mit dem Flugzeug zu verreisen. Im Gegensatz zu den jungen Menschen auf der anderen Seite, habe ich bis heute durchgehalten.

Die Liste meiner mich begleitenden Musiktitel könnte man als ein „sehr weites Feld " nennen und ein Auswahl fällt schwer.

Hana Hegerowa – Das letzte Hemd hat keine Taschen - steht im Zusammenhang mit dem gescheiterten Prager Frühling 1968. Hana durfte danach nicht mehr zu Konzerten in Westdeutschland reisen.

Er geht vorbei – eigenes „Werk" aus dem Jahr 1972 - habe ich 1972 life im Popshop des SWF in Baden-Baden gesungen. Mit diesem Lied bin ich zusammen mit Lazy Wolpert (bis vor kurzem Professor am Konservatorium in Karlsruhe) 1980 im „Glaskasten des SWF aufgetreten.

Georgia on my mind – Ray Charles

Ein Lied mit einer besonderen Seele.

My way – Frank Sinatra

Seine Art zu singen, haben mich geprägt

Du last dich geh'n – Charles Aznavour

Meines Erachtens eines der schönsten Liebeslieder.

70er Jahre Songs: Green grass of home, If you're going to San Franzisco, Satisfaction, Country roads, Amarillo, Prod Mary, Elvis-Songs

What a wonderful world – Louis Armstrong

Dieses Lied hat für mich eine besondere Geschichte. Ein Trompeter, mit dem ich viele Jahre spielte, bat mich eine Woche vor seinem Tod: Sing an meiner Beerdigung What a wonderful world. Er starb mit 62 Jahren an Lungenkrebs. Als meine Mutter im 2009 mit 87 Jahren starb, sang ich ihr dieses Lied zur Gitarre in der Einsegnungshalle - als letztes Dankeschön für ihre stets positiven Gedanken.

Am 14.06.2013 wurde folgendes im Mannheimer Morgen veröffentlicht:

Nationaltheater: Neues Programm veröffentlicht

Jetzt spielen die Bürger

Mannheim

Mit 39 Premieren in Oper, Junger Oper, Schauspiel, Ballet und Schnawwl sowie rund 70 Wiederaufnahmen in allen Sparten will das Nationaltheater in seiner 234. Spielzeit die Menschen in Mannheim und der Region begeistern. Zum ersten Mal kündigte das Haus am Goetheplatz bei der Pressekonferenz gestern auch an, vermehrt mit den Bürgern der Stadt Theater machen zu wollen. Als Pilotprojekt, aber laut Oberbürgermeister Peter Kurz durchaus als sechste Sparte angedacht, startet am 28.09.2012 die **„Mannheimer Bürgerbühne"** mit Soulcity.

Und im Programmheft des Nationaltheaters wurde unter Premieren veröffentlicht:

SOULCITY

Mannheim – Stadt der Seele, Stadt der Musik

Uraufführung

Inszenierung   Lajos Talamonti
Bühne und Kostüme   Anke Niehammer

PREMIERE am 28. September 2012 im Studio
Eine Inszenierung der Mannheimer Bürgerbühne

Soul, Schlager, Rap, Pop – sind das die symbolischen Ordnungen, die den Takt des Lebens vorgeben? Musik hält Generationen zusammen, schafft Gemeinsamkeiten, strukturiert Lebenszeit. Doch welcher Sound, welche Stimmungen und Beschwingungen richten die Einzelnen auf, verleihen ihnen Inspiration, geben ihren Rhythmus und Stimmung auf der Durstrennstrecke Alltag? Ist der Einzelne seine eigene Subkultur, eine Alternative, das Gegenbild zum großen Ganzen? Ja, mehr noch – wir fragen, ob die Summer der unterschiedlichen persönlichen Lebenswege und Lebensrhythmen am Ende aussagekräftiger ist für eine Generation, eine Zeit oder eine Stadt, als das Label einer Epoche.

Was findet sich in Mannheim zwischen Stamitz und Naidoo, zwischen kurfürstlicher Hofkapelle und Popakademie? Diese Schätze suchen wir, die tief verwurzelt in der eigenen Seele gehortet wurden und verborgen liegen unter den Fragen des Lebens: Etwas aus sich machen, hier in Mannheim?! Oder lieber woanders? Ergriffene Gelegenheiten, verpasste Chancen, Geplantes, Zufälliges, Misslungenes werden zu Biographien, die Stimme aus dem Radio, der Jingle, die Chormitgliedschaft, das stille Rauschen, die störenden Nachbarn: Jedes Leben ein Sound, ein Song, eine Stimme, eine Stimmung. Gebrauchsfertig auf dem Plattenteller, dem Walkman, der Bühne.

SoulCity, die Eröffnungsproduktion der Mannheimer Bürgerbühne, ist eine Vor- und Rückschau über realisierte und unverwirklichte Lebenserwartungen, über die Selbsteinschätzung, darüber, welcher Sound der richtige Begleiter für ein Leben ist, und über die Seele Mannheims – seine Bürger. Eine repräsentative Auswahl von Mannheimern zwischen 20 und 70 Jahren, Lebenslinien, die sich kreuzen, entwickeln gemeinsam einen neuen Sound auf der Bühne des Nationaltheaters und eine (Musik-)Geschichte der Stadt durch die vergangenen 60 und die kommenden 40 Jahre.

MANNHEIMER   **PREMIEREN BÜRGERBÜHNE**

Am 28.06.2012 kam der nächste Schritt, die Einladung zum Vortreffen *SoulCity*

„Liebe *SoulCity*-Mitwirkende,

bevor es mit den Proben losgeht, und wir an das anknüpfen, was Ihr schon vorab mit Euren Texten erarbeitet habt, wollen wir

Euch noch zu einem **Begrüßungstreffen** einladen – und zwar am

Do, 19.7. um 17.30 Uhr in der Lobby Werkhaus (Mozartstr. 9, Außentreppe hochgehen).

Burkhard Kosminski, der Schauspieldirektor des Nationaltheaters, möchte Euch bei diesem Treffen gern als Ensemble der ersten Produktion der neu gegründeten Mannheimer Bürgerbühne begrüßen. Außerdem könnt Ihr bei dieser Gelegenheit noch weitere Mitarbeiter des Produktionsteams und des Nationaltheaters kennen lernen, mit denen Ihr in Zukunft vielleicht immer mal wieder zu tun haben werdet. Und – nicht zuletzt – auch alle andern, die nun mit Euch zusammen bei *SoulCity* auf der Bühne stehen werden.

Außerdem bekommt Ihr bei diesem Termin Eure Aufwandsentschädigungs-Formulare zum Unterschreiben.

Unten findet Ihr die bis Februar geplanten Vorstellungstermine – bitte haltet sie Euch frei!

Weiter wäre gut, wenn Ihr Euch auch schon mal drauf einstellt, dass beim Theaterfest am **23.9.** und dem Tag der offenen Tür der neuen Bürgerbühne-Räume am **30.9.** kurze Ausschnitte mit Euch aus *SoulCity* gefragt sein werden.

Fr	28.09.12	20.00	**Premiere**
So	30.09.12	20.00	2.
Mo	08.10.12	20.00	3.
Do	18.10.12	20.00	4.
Mi	31.10.12	20.00	5.

Fr	09.11.12	20.00	6.
Di	20.11.12	20.00	7.
So	25.11.12	20.00	8.
Di	11.12.12	20.00	9.
Mi	19.12.12	20.00	10.
Fr	04.01.13	20.00	11.
Di	15.01.13	20.00	12.
So	27.01.13	20.00	13.
Fr	08.02.13	20.00	14.
Mo	18.02.13	20.00	15.

Änderungen vorbehalten!

So, das war's erst mal für heute, wir freuen uns drauf, Euch am 19.7. zu sehen!

Viele Grüß

Steffi"

Und am 17.07.2012 kam ein Nachtrag – Instrumente

„Liebe *SoulCity*-Mitwirkende,

bevor wir uns übermorgen, **Donnerstag um 17:30 Uhr** sehen, würde ich euch bitten, uns schon mal **Angaben zu Euren Instrumenten,** die Ihr theoretisch bei der Produktion einsetzen könntet, zu machen:

Bitte schickt mir das vorab und **bringt dann außerdem, wenn möglich, Eure Instrumente auch mit,** da unser Orchesterbüro-Mitarbeiter sie aus Gründen der Versicherungsfrage gern in Augenschein nehmen würde.

Außerdem hiermit noch die Vorab-Info, dass wir Euch am Donnerstag auch gern **fotografieren** würden, wenn Ihr einverstanden seid, um Bilder für eine eventuelle Verwendung im Programmheft u.a. zu haben.

Plant also für das ganze Treffen mal ungefähr eine Stunde ein.

Bis dann, liebe Grüße

Steffi"

Die vorstehende Nachricht schien mir aussagekräftiger zu sein, als unser Treffen am 19.07. 2012. Neunzehn Personen, ausgenommen die Mannschaft des NTM, waren gekommen. 13 weiblich, 6 männlich. Eine illustre Gesellschaft. Und wie so oft bei Ersttreffen stellte sich jeder dar, als müsse er den Oskar gewinnen. Da werden Claims abgesteckt und Grenzen gezogen, aber auch gemeinsames entdeckt und angesprochen. Erwartungshorizonte, die verschiedener nicht sein können, werden dargelegt. Sollte das im Ankündigungstext gefragte, ob die Summe der unterschiedlichen Lebensrhythmen am Ende aussagekräftiger sei als das Label einer Epoche, stimmig werden? Die Vielschichtigkeit der anwesenden Charaktere sprach für eine dem Ziel der Produktion dienende und passende Auswahl. Nur für den Bereich der Musik bot sich mir ein undifferenziertes Bild. Eine Posaune, die nur Wagner spielen wolle, eine Trommel, dessen Träger seiner Stimme entsprechend sicher tiefgründig grooven würde, ein Cello, das nie zu Gehör gebracht wurde, eine Gitarre, die anmerkte, nicht über vier Akkorde hinauszudenken. Dies ließe sich aber durch einen Kapodaster, ital. capotasto, Hauptbund, um ein vielfaches erweitern. Einige singen im Chor oder in der Badewanne. Eine Band, deren Gründung Tarik im Mai angekündigt hatte, ließ sich sicher nicht zusammenstellen. Aber es gab noch eine klaviertüchtige Mitspielerin (Anja), die sich an diesem Tag nicht aufdrängte, ohne deren Tastenfähigkeit **SoulCity** aber schwerlich geglückt wäre. Noch eines möchte ich erwähnen: eine aufblasbare Gitarre, die der Show dienen sollte. Als wir in einer kleinen Gruppe zusammenstanden und über das, was vor uns liegen würde und von dem wir nicht die geringste Vorstellung hatten, diskutierten, meinte Andrea (die aber nur als Andy angesprochen werden wollte): Mir mache was Geiles! Und das war es ja dann auch, oder?

Schweiß und Tränen

Das nächste Treffen war auf Montag, 20.08.2012 bestimmt. Wir sollten Fotos nicht vergessen. Am 16.08.2012 notierte ich in mein Tagebuch: Das ganze wird sicher nicht länger als 90 Minuten dauern. Bei 19 Teilnehmerinnen und Teilnehmern werden für jeden, wenn alle in gleichem Maße bedacht werden, etwas mehr als vier Minuten Text zur Verfügung stehen, ungeachtet der möglichen Musiktitel.

Am 19.08. hat sich Tarik per SMS gemeldet: Liebe TN von SoulCity. Morgen ist es soweit. Morgen beginnen die Proben. Treffen ist wieder im Werkhaus, 18:00 Uhr. Am Dienstag beginnen die Gespräche mit Lajos. Er freut sich auf alle. Morgen bekommt ihr den frischen ersten Probenplan. Ick freu mir! Lieben Gruß Tarik.

Tarik war bis abends fleißig. Um 20:45 Uhr schickte er uns am gleichen Tag den ersten Probenplan. Ich verspreche, es werden keine weiteren Pläne, von denen es viele, auch viele geänderte und dazwischen geschobene gab, auflisten, jedoch möchte ich einen Eindruck unserer „persönlichen Einvernahme" vermitteln.

Probenplan   SoulCity
21. – 23.08-2015

Di
10 – 11:30h   Katharina
12 – 13:30h   Verena
14 - 15:30h   Christian
Pause
16:30 – 18h   Melanie
18:30 – 20h   Miri
20:30 – 22h   Tuna

Mi
10 -11:30h   Anja
12 – 13:30h   Traugott
14 – 15:30h   Ulla
Pause
16:30 – 18h   Özlem
18:30 – 20h   Andy
20:30 – 22h   Rainer

Do

10 – 11:30h   Renate, S.

12 – 13:30h   Reyhan

14 - 14:30h   Renate H.

Pause

16:30 – 18h   Roland

18:30 – 20h   Irabelle

20:30 – 22h   Hans

Proben mit Joe Völker, dem musikalischen Leiter

Fr. 24.08.: 16 – 22h im Werkhaus

So. 26.08.: 14 – 22h im Werkhaus

Die Namen Verena, Christian und Tuna sollten wenige Tage später nicht mehr genannt werden müssen, sie hatten auf ein weiteres Mit-Proben verzichtet.

Uns ging es bis zu diesem Tag wie in einem alten Kinderlied: Da waren wir nur noch 15!

Am 20.08.2012 waren alle anwesend. Lajos Talamonti, unser Regisseur, stellte sich zum ersten Mal vor. Er berichtete zunächst, welche Arbeiten er bereits erfolgreich auf die Bühne gebracht hat und erzählte uns sodann, was er mit uns vor hätte. Auch über das „wie" sprach er. Es gelang nur zu einem kleinen Teil mir vorzustellen, welche Ideen er umsetzen möchte. Aus unseren Biografien soll ein Stück entstehen. Aber die Texte würden von uns erstellt werden. Regie und Dramaturgie, also er, Steffi und Tilman würden diese dann lesen, nachbearbeiten und zu einem Ganzen formen. Wie schön, dachte ich, haben es die Schauspieler, die vor Beginn der Proben wissen, welche Rolle ihnen in einem bekannten Stück zugedacht ist und welchen Text sie lernen sollen. Sie bewegen sich in einem stofflichen und rollenspezifischen Rahmen. Unser Rahmen waren die schwarzen Mauern des Studios, aus dem wir bis zur Premiere nicht entweichen können würden, aber ansonsten schienen uns keine Grenzlinien gezogen, was aber sicher nicht hieße, dass wir völlig frei agieren könnten. Die Herrschaften des Theaters würden uns schon je eine begrenzte Auslaufzone zuweisen. Die Stadt der Quadrate stand Pate. Es sollte für uns alle eine aufregende Zeit werden. Joe Völker wurde uns als unser musikalischer Leiter vorgestellt und die erste Musikprobe für den folgenden Freitag vereinbart. Jeder erhielt vor dem Aufbruch einen Termin für die Einzelgespräche genannt. Unsere Aufgabe war es, unsere Texte und unsere Biografien durchzulesen und auf das uns Wichtigste zu beschränken. Ich sollte am Donnerstag, 23.08.2012, 16:30 – 18:00 Uhr interviewt werden. Am Morgen des 23.08. reichte ich zwei Wochen Urlaub ein. Vom 17.09.2012 bis zum 28.09.2012. An den folgenden Tagen las ich meine eingereichten Texte und druckte einige ältere Arbeiten, die ich in meinem Blog veröffentlich hatte, aus. Man zeigt ja, was man hat. Und von den vielen Liedern, die mich seit Jahren begleiten, suchte ich meine besten aus.

Das Gespräch am Donnerstag wird begonnen haben, wie alle ersten Treffen. „Hallo, ich bin". Wer bist du? (Beim Theater sind alle per DU! Von meinen fast 350 Mitarbeiterinnen und Mitarbeitern bin ich mit fünf per DU!). „Wo arbeitest du?" „Steffi, ist unsere Dramaturgin, Tarik der Regieassistent". „Kaffee?" Und wer weiß noch was. „Deine Sachen haben wir gelesen." Was ist dir wichtig?" Was war mir wichtig. Meine Krebserkrankung hatte mich 2008 doch etwas überrascht. Ich hatte mich davon erholt, auch physisch, mir war es egal, auch wenn ich mich in jedem Vierteljahr untersuchen lasse. Meine Depressionen wirkten allerdings stets im Verborgenen, um mich stets unzeitgemäß zu treffen. Krankheiten, so kam es mir vor, schienen ausreichend im Angebot zu sein. Bei 15 Lebensschicksalen auch nicht außergewöhnlich. Die Sache mit den Depressionen und wie ich damit umging, sollte ich einmal schriftlich in einem Text festhalten. Die Zeit bei der Polizei, insbesondere das Thema ‚Startbahn West' in Frankfurt, stieß auf Interesse. Lajos und ich hatten hinsichtlich zivilen Ungehorsams und des „Polizeiapparates" kleine gedankliche Differenzen. Er konnte dem ‚staatlichen Gewaltmonopol' keine Freude abgewinnen. Ich werde meinen Standpunkt vertreten haben, denn wir legten das Thema beiseite. Aber als ich der Gruppe sagte, dass auch ich lieber auf der anderen Seite, der der Demonstranten gestanden hätte, als Polizist aber meinen Auftrag und meine Dienstpflicht erledigen musste, schien ihr Interesse geweckt. Dilemmata und innere Zerwürfnisse, das ist die Rohkost seit „Prinz von Homburg". Daraus wurde meine zweite Aufgabe. Da sie bei diesem Thema Interesse zeigten, sattelte ich ein weiteres auf. Es stand zwar nicht in meinem Dossier, aber es hatte mich als Polizist sehr beschäftigt und wirkt bis heute nach. Es war das Thema des gezielten Todesschusses, der 1974 zum ersten Mal als letztes Mittel angewandt wurde. Sie ließen mich gewähren und waren m.E. doch etwas erstaunt, dass es erst sein einigen Jahren hierfür im Polizeigesetz eine Regelung gibt. Und dass aus dem gezielten Todesschuss meiner Zeit, eine Definition, die nie öffentlich gemacht wurde, der finale Rettungsschuss wurde. Die Wendung der Gesellschaft von einer absoluten Ausnahmesituation hin zu einer gesetzlich geregelten Handlungsalternative. Auch darüber sollte ich einen Text machen. Wir sprachen noch über Beziehungen. Hier überließen sie es mir, ‚was' zu machen. Die Musik wurde nicht angesprochen, das sei Joes Aufgabe. Damit gab ich mich nicht zufrieden und drängte mich auf, aus meinem Musikantenleben zu erzählen. Ich muss, zu meiner Entschuldigung in einer Himmel-hoch-jauchzenden Phase gewesen sein. Denn nur in wenigen Minuten habe ich die in den 80er Jahren von mir und einer Band aufgeführte Elvis-Show, die im Original mehr als 15 Minuten dauerte, im Schnelldurchlauf und in rasender Geschwindigkeit, quasi atemlos „vermittelt".

„Als Elvis 80/81 starb, haben wir, die Band, eine Elvis Show gemacht. Kostüm habe ich in Karlsruhe beim Theater machen lassen. 1000 DM. Habe ich noch. Und es passt heute wieder. Das ging mit Zaratustra los, ta ta taaaa, dadaah , wie Elwis in Hawai 73, dann kam der Bass dumm dumm dumm dumm …. Dann kam ich auf die Bühne, Gitarre und los. Rock a Hula Rock Rock a Hula und so weiter. Und als nächstes kam Can't help fallin in love. Da haben wir dann ein typisches Elvis-Ending, immer vom schnellen Tempo in 12/8 Blues gespielt. , A well she's rocking a o mine. Dab dadah. Klaviereinleitung und ‚Wise man say only fools rush in, for   dann den Mittelteil und zum Schluss falling in love wiederholt. Das war D-Dur. Und als nächstes Goodluch charm in G-Dur. Da muss man den letzten Tone von can't nur als ersten Ton von ahah aha …dabduah (letzter Ton G) … und schon passt das. Don't want a .. rabit foot for a string I want your kiss.. dann kommt der Mittelteil und nochmal der Refrain. Und als nächstes Stück Teddybaer. Da haben wir das Intro von Good luck charm wiederholt aber mit dabdudah ah und der letzte Ton war dann F und so kam der Tonartwechsel zu Teddy. Hintendrauf I can't stop lovin' you (eigentlch Ray Charles) und zwei Roch'n Roll. Go Jonny go und Blue sued shoes. "

Ich hatte die drei absolut zugetextet. Ich war blutleer und die dachten sicher, was ist denn das für ein Verrückter. Aber. Lajos: „Elvis machen wir. Setz dich dran". Meine Zeit war um. Ich trank noch ein Bier im Casino. Und auf dem Nachhauseweg fragte ich mich, welcher Geist mich denn da getrieben hatte, die alte Evis – Sache auszugraben. Da sollte ich durch müssen und wie.

Da die Einzelgespräche vertraulich waren, fehlen mir Informationen über die Sitzungen meiner Mitspielerinnen und Mitspieler. Es wird ähnlich verlaufen sein, heftige oder ausgeglichene Diskussionen und eine gemeinsam festgelegte Vorschlagsarbeit.

Die erste Musikprobe war in vielfältiger Hinsicht aufschlussreich. Joe, unser musikalischer Leiter, ist ein absoluter Routinier. Jede und jeder sollte irgendetwas vorspielen oder vorsingen. Irabelle hat gesungen und dazu Klavier gespielt. Joe hat sie recht bald befragt, ob sie die Begleitung am Klavier übernehmen könne. Dem war nicht so Özlem begleitete sich an der Gitarre zu Adeles Lied „Someone like you". Ich habe mit Joes Begleitung "Fly me to the moon" intoniert. Andy sang Proud Mary.. Dann kam Anja. Und Jo hatte seine größte Sorge los. Anja hatte auch ein Cello dabei, wenn ich mich nicht irre, und sie hatte schöngeistige Musikliteratur dabei. Das blieb sie auch. Sie wurde auserkoren, den Klavierpart zu übernehmen. Und das war gut so. Denn ohne sie wäre es doch schwierig geworden. Dann sollte ich das Elvis – Medley anspielen. Ich hatte mir zuhause, noch in der Nacht, aus alten Mappen Noten herausgesucht und durchgesehen. Da mir klar war, dass ich das singen und am Klavier spielen sollte, bereitete es mir Unbehagen, dies ungeübt anzuspielen. Ich verbarg meine schlechten Gefühle. Ich kannte die Titel, die Harmonien und die Texte. Mein amateurhaftes Klimpern deckte ich mit meinem Gesang zu. Niemand hat direkt etwas gesagt, aber so recht schien meine erste musikalische Aufarbeitung nicht zu gefallen. Dabei ging es nicht darum, dass ich schlecht interpretierte, nein es war ihnen zu viel Musik und zu wenig Theater. War es Lajos, der meinte, es solle wie eine Probe wirken? Heute fällt mir ein Satz von Andy ein: Wie geht das? Die Welt des Theaters und die meine schienen weit voneinander entfernt. In mein Tagebuch schrieb ich: Nicht meine Art, es zu interpretieren, aber wenn DIE das so haben wollen. Aber WAS wollten DIE WIE haben? fragte ich mich. Darüber wurde nichts gesagt. In diesem trüben Nebel fischte ich noch reichliche drei Wochen. Jede neue Version von mir, entschied man, sei noch nicht das, was man sich vorstelle. Das dürfte allen anderen ebenso gegangen sein. An den Kommentaren, die bei den anfänglichen und auch späteren Proben zu hören waren, konnte ich das deutlich ablesen. „Erst soll ich mich so, dann so hinstellen?" „Meinen Text stellen sie um, und dann fehlt die Hälfte." „Hab keine Lust, mich hin- und herschieben zu lassen." „Die haben keinen Plan." Et cetera, et cetera. Lajos muss das mitkommen und sich mächtig aufgeregt haben. Am 05.09. hat er uns dann alle recht zerzaust und dann wieder passgenau aufgestellt. „ Wir haben schon alle viel Mist auf den Bühnen gesehen. Diesen machen wir nicht. Wir spielen beim Nationaltheater Mannheim, da gibt es einen hohen Anspruch, den es zu erfüllen gilt. Das ist für uns alle eine große Auszeichnung. Das muss uns allen bewusst sein!" Er war sauer und fügte im Umdrehen, fast drohend hinzu, die Sache auch mit fünf Leuten zu machen. Ein deutliches Zeichen. Wir hatten es alle verstanden. Unser Weg war nun SoulCity.

Am Montag, 27.08.2012 begannen die die Proben. In vier Wochen haben wir alle jeweils mehr als 120 Stunden, die einen etwas mehr, die anderen etwas weniger, im Studio und auf der Probebühne B gearbeitet. Nicht mitgerechnet sind die Sprechübungen und das Erlernen der gesprochenen Texte und der einzustudierenden Lieder. Nicht eingeschlossen sind die Fahrten der außerhalb Mannheims wohnenden Spielerinnen und Spieler (Heidelberg, Hockenheim, Weinheim u.a.). Ebenfalls unberücksichtigt sind die vielen Stunden, die Lajos, Steffi, Tarik und noch andere des Theaters aufwenden mussten, um sich auf die Einzelgespräche vorzubereiten und auch die viele Zeit, die notwendig war, die Texte anzupassen, zu kürzen und in einen dramaturgischen Rahmen einzubinden. Natürlich war dies deren Aufgabe, aber ich erlaube mir den Hinweis: eine spannende aber sehr nervenstrapazierende und anstrengende Aufgabe. Gleiches, wenn nicht sogar in übersteigertem Maße, können wir SoulCity-Mitspieler dies uns an unsere Revers heften. Wenn Regisseure und Dramaturgen um ihre Aufgaben wissen, so waren wir alle am Anfang der Produktion eines naiven Glaubens. Keine und keiner wusste zu Anfang, auf was sie / er sich eingelassen hatte, welche energetisch grenzwertige Aufgabe uns zufiel, innerhalb der folgenden vier Wochen eine premierenfähige Darbietung zu erarbeiten. Wir vertrauten Lajos, der schon viele Produktionen dieser Art erfolgreich begleitet hat. Und wir vertrauten auf uns.

Jede und jeder hatte in den Einzelgesprächen seine Aufgaben erhalten. Ich sollte Texte zu meiner Polizeizeit, zu Beziehung und Krankheit erstellen. Und natürlich den „Elvis" zur Reife bringen. Die Texte gingen mir zügig von der Hand. Dabei legte ich größten Wert auf kurze prägnante Sätze, die alles von mir Gedachte inhaltlich wiedergaben und die ein Publikum in einer kurzen Zeit erfassen konnte. Meinen Text „Krankheit", den ich für gelungen hielt, trug ich vor, aber man bedurfte seiner nicht.

Ein Auszug sollte erlaubt sein: „… Sie rieten mir zu einer Interferon-Therapie. Ein Jahr lang Grippe und Kotzen. Das gedachte Produkt aus Krankheit und Religion gleich Demut tendiert bei mir gegen null. …"

Auch meine anderen Texte musste ich mehrfach anpassen und auch kürzen. Ich hatte aber das Glück, dass ich ab Mitte September keine Änderungen erdulden musste. Den anderen Protagonisten blieben „Striche" Tage vor der Generalprobe nicht erspart.

In einer der frühen Proben hatte Lajos die Idee geboren, einen Trailer an den Anfang des Stückes zu setzen. Er wollte damit alle Mitspielerinnen und Mitspieler am Anfang kurz und mit markanten Sprüchen dem Publikum vorstellen. Mir fiel nichts Passendes ein. Es ergab sich aber, dass das Thema Depressionen in unserer Runde kein unbekanntes war. Ich bot an, einen kurzen Text zu schreiben. Ich sollte ihn erstellen und durfte ihn im Trailer einfügen.

Der Trailer, der auch heute noch in Youtube zu sehen ist, hat eine lange Geschichte vom Gedanken bis zur Fertigstellung. Ständig wurde die Reihenfolge umgestaltet, verworfen, neu aneinandergereiht. Ebenso wurden die Positionen unserer Auftritte so lange verändert bis Lajos und Steffi hinreichend zufrieden waren. Hierbei fällt mir Amüsantes ein. Als ungeübte Bühnenmenschen hatten wir Probleme auf unsere Positionen zu gehen. Wir liefen wie die Kühe auf die Weide, wie es einer jeden, einem jeden in den Sinn kam. Lajos änderte dies komödiantisch. „Stellt euch vor, ihr geht durch Mannheim. Erst von B 1 nach B3 und dann nach C3, D3, E3." Und dann lief er stramm und an den gedachten Quadraten scharf abbiegend nach links oder rechts im rechten Winkel bis zum Bühnenrand als befände er sich auf einem Schachbrett. Er hatte seine Lacher und wir wussten, wie wir laufen sollten.

Der Trailer

Hans   Als großer Rock- und Popkonzertfan habe ich mir einen großen Traum erfüllt aber auch Illusionen zerstört. Von 1989 bis 1990 war ich Leiter des Rechnungswesens von Mama Concerts Lippmann und Rau hier in Mannheim, der größten Konzertagentur In Deutschland. Es ging nur ums Geld.

Katharina   Die Schausteller sagen „Wir sind eine große Familie", aber so ist es nicht. Wir nennen uns, die wir zusammen arbeiten, „die Mannschaft". Meine Mutter kann die Popkornmaschine nicht mehr bedienen, meine Tante hat Schwierigkeiten, die Liebesäpfel zu machen – des is auch a schwierige Bewegung, man muss ja regelrecht in den Topf reingehen und den Zucke so um den Apfel herum. Das

Wurfgeschäft mussten wir aus wirtschaftlichen Gründen aufgeben. Es lohnt sich einfach nicht mehr.

Anja Ich bin Lehrerin. Coming Out. 3-monatige USA – Reise mit meiner Liebsten. Flashbacks. Mobbing am Arbeitsplatz, homosexuelle Verpartnerung in K7, Mannheim. Karriere: Schreibe ein Buch über Projektarbeit in der Schule. Der Unfall: Wenn ich da oder dort hinlange, fühle ich wieder alles, Schmerzgedächtnis.

Andy Amerika zeigt uns Freiheit, meine ältere Schwester hat schon immer auf Amis gestanden, sie geht ins Blow Up und bringt mir den Husle bei, den Peace, Broadway, Musicals, echte Stars, geile Musik und mutige Sounds – alles ist möglich – weg von der steifen Lebensart. Ich träume davon ein Musicalstar zu sein. (Singt und Anja stimmt sich ein): I got life, mother – I got freedom – I got good times – bad times too like me.

Reyhan	Vor über 30 Jahren sind meine Eltern nach Deutschland gekommen. Im Gepäck hatten sie das Leben und die Tradition der Türkei. Es ist an ihnen vorbeigezogen, dass sich das Leben und die Menschen in der Türkei weiterentwickelt haben. Sie waren so darauf bedacht, die Dinge in ihren Koffern zu schützen, dass sie es nicht zuließen, Neues hineinzulassen. Ich weiß nicht, ob ich den Schritt machen werde, auf sie zuzugehen.
Renate H.	Ich habe mal für einen Heiler gearbeitet, aber darüber kann ich nicht sprechen. Ich bin aufgewachsen in Mannheim – Jungbusch. Wir wohnten über einer Nachtbar. Sie hieß Silberkugel. Nachts bin ich als Kind mit dem Ohr am Boden gelegen und hab auf den Rock'n Roll gehört. Paul Anka, Bill Haley, Elvis Presley usw.
Roland	Meine Augen brennen, auch schwaches Licht ertrage ich nur mit Sonnenbrille. Der Kopf erhitzt, als würde ein Schamgefühl röten. Die kalte Dusche folgt ohne Warnung. Sicher ein

Zeichen von Stress. Bei Radrennen verliere ich für Momente die Orientierung. Ein Zwei – Sekunden – Schlaf wirft mich zurück. Die Untersuchungen beim Neurologen ergeben: BIPOLAR II – RAPID CYCLING, wie passend.

Ulla   Man ist ja schon von Geburt an in Gruppen eingeteilt, die man sich nicht raussuchen kann, die einen beeinflussen. Wie Kindergarten, Schule, Ausbildungs- und Studienkollegen. Da fallen mir keine nennenswerten Ereignisse ein.

Rainer   Ich bin extrem schlicht strukturiert. Musik und Frauen sind mein Leben. Mit den Frauen ist es jetzt vorbei. Die Musik bleibt.

Kosi   Ich blase nicht, ich lasse blasen. Und was sie da blasen, das blase ich ihnen mit einem Strohhalm im Arsch.

Miriam   Da bin ich ganz oft die Linie 6 gefahren, weil ich in den Scheiben so unglaublich schlank ausgesehen habe.

Hans	Edgar, du alte Pottsau. Schnucki, warum läufst du den weg?
Melanie	Ich will dich nicht heiraten, ich will dich einfach nur vögeln.
Andy	Mama, was sind den eigentlich Südfrüchte?
Özlem	Boa du kannst Türkisch. Sag mal was.
Irabelle	Irabelle, ich hoffe, es geht dir bald besser und dass du bald wieder klar denken kannst.

Beim Lesen dieser markanten Sätze überkommt mich Wehmut, welche Kraft, welche Fülle an Seele wir hinaus schmetterten. Alle Texte erhielten letzte Schliffe. Einerseits sollten sie in sich stimmig sein und in der Wechselwirkung zu den anderen Vorträgen dramaturgisch passen. Meine Texte haben den Zuschauer nur bedingt in meine Seele blicken lassen. Die Themen und deren Inhalt waren mir wichtig, aber ganz tief in mich hinein sollte niemand schauen können. Wie viel Mut es indes erforderte, welche Courage und, dies empfand ich bei den ersten Proben bereits, welch große Überwindung manche aufbrachten, ihre ganz persönlichen Schicksale, ihre abgrundtiefen Lebenserfahrungen, ihre existenzbedrohenden Schläge in Texte zu fassen, die der Öffentlichkeit, sicher nicht der ganzen Welt, aber doch im Studio, dargeboten werden sollte. Manche, so hatte ich den Eindruck, rückten ihre Ausrufer an die Grenze der Überforderung. Es schien, als würde nicht nur erzählt, sondern erneut erlebt. Noch waren es ja nur Proben unter verständigen Mitspielerinnen und Mitspielern. Mich berührten die persönlichen Schilderungen, da sie dem wahren Leben entsprangen, von Melanie, Andy, Anja und den anderen bis ins Mark, sodass meine eigene Lebensgeschichte als gut bürgerlich und wohlgeordnet schien. Lajos und Steffi bemühten sich stets in anteilnehmenden Gesprächen Texte zu verändern, um die Sprechenden davor zu schützen, ihre Privatsphäre durch zu viel Offenheit auf der Bühne zu verlieren. Das voyeuristische Publikum ergötzt sich zu gerne und gefräßig am Leid der anderen. Die Proben entwickelten sich. Wir entwickelten uns. Waren wir zu Beginn Einzelwesen, die allein sich im Blick hatten, sich argwöhnisch beäugten und meist vorsichtig miteinander kommunizierten, verschoben sich allmählich Grenzen, die tragend waren da „Man ja schon von Geburt an in Gruppen eingeteilt ist, die man sich nicht raussuchen kann, die einen beeinflussen. Wie Kindergarten, Schule". (Text von Ulla). Wir bewegten uns aufeinander zu aufgrund unserer Funktionen im gemeinsamen Projekt SoulCity. Alle waren Erste unter Gleichen. Auch ich, dem man nachsagt ein Typ einsamer Wolf zu sein, fühlte sich auf- und angenommen.

Die musikalischen Sequenzen nahmen nicht recht Form an. Joe schrieb Klaviernoten für Proud Mary, daran konnte ich mich auch am Bass orientieren. Anja und ich übten das Stück mehrfach unter der Anleitung von Joe. Wir haben es leidlich hinbekommen, Andy sollte einen schönen Background haben. Nach unserer Vorarbeit übten wir mit Andy und den anderen als Chor. Für Andy, die ja schon als Kind ein Musical- Star sein wollte, war das natürlich ein Kracher und sie sang das Stück mit einer großen Portion Power und mit zerreißender Lautstärke.

Miri hatte sich für das Ende ihres 1. Auftritts als Solonummer Merci, Merci ausgedacht. Sie benötigte keine musikalische Unterstützung, Ihre Stimme klang rein und schön. Wir anderen sind, als Miri begann, von unserem Wartebereich langsam nach vorne gelaufen. Wir sollten rhythmisch klatschen. Da sich dies als zu laut herausstellte, haben wir die rechte Hand zu einer Faust gerollt und leicht in die linke

Handfläche geschlagen. Und am Ende des Refrains haben wir Miri mit „Yeah, yeah, yeah" unterstützt.

Özlem sang direkt nach meinem Text „Startbahn West" „Someone like you" von Adele. Sie setzte sich am seitlichen Bühnenrand auf dem Boden. Als sie mit dem singen anfing, bewegte ich mich, mit Blick zu ihr, auf die ihr gegenüberliegende Seite und beim Refrain untermalte ich ihren Gesang mit einer zweiten Stimme. Der alte Polizist und das junge Mädchen, jung und alt, zwei Welten, bildeten eine Einheit.

Für die Mitte der Produktion suchte Lajos noch einen Titel. Alle sollten einen Vorschlag machen. Ich mailte ihm noch am selben Abend, wir sollten es mit Venus von Shocking Blue versuchen. Das sollte einstudiert werden. In der nächsten Musikprobe setzte sich Joe ans Klavier und bestimmte die Tonart für unsere Damenstimmen. Im Original wird die Nummer in D-Moll gespielt. Nach mehrfachen Versuchen landeten wir bei Fis-Moll! Und ich hatte ein Problem. Auf meiner Konzertgitarre war es mir unmöglich im 10. Bund die Einleitung Cis+ zu spielen. Einen Tag später löste ich das Problem: Ich erwarb eine passende Gitarre. Man gönnt sich ja sonst nichts. Es wird ewig meine SoulCity Gitarre bleiben. Ich habe sie nur noch bei der Dernièren-Feier spielen müssen. Aber so weit möchte ich jetzt nicht vorgreifen.

Renate H. sprach ihren sehr bewegenden Text „Ich bin 15 Jahre alt" und Lajos überzeugte sie, am Ende des Vortrags von Hildegard Knef „Für mich soll's rote Rosen regen" zu singen. Joe schrieb für Anja eine schöne Klavierbegleitung. Und wir Männer durften uns in einer Reihe hinter sie stellen und beim 2. Refrain mitsummen.

Wir hatten noch eine Sorge. Lajos wollte, möglicherweise auch von Joe unterstützt, unbedingt „Smoke on the water" von Deep Purple einbauen. Als CHOR, ohne MUSIK. Die Damen und Herren mit den dunkleren Stimmen sollten die Begleitstimme singen, die Sopranis die Melodie. Und beim Refrain alle zusammen. Das war jedesmal eine Wackelpartie und für mich mit erhöhten Stress verbunden. Denn ich stand bereits im Elvis-Outfit zwischen den anderen, die alle in schwarzem Kleidern, Hosen und Hemd mit weißem Kragen, ausstaffiert waren. Mein Puls stieg auch ohne den Wackelkandidaten merklich an, da ich sofort nach dem Ende von „Smoke" ans Klavier stürmen musste. Joe hat sich sehr große Mühe mit uns gegeben, aber uns gelang es, zumindest meiner Meinung nach, nicht, das Stück souverän durch zu singen. Ich bat Lajos Abstand zu nehmen und etwas anderes dafür zu finden. Ich habe es sogar in seiner Wortwahl versucht: Das kackt ab! Zunächst ließ er sich nicht beirren und hielt an seinem Plan fest. An der ersten Hauptprobe, dieser Vorgriff ist erlaubt, zerlegten wir uns in stimmliche Einzelteile. Zum Schluss sangen nur noch Miri und Özlem. Lajos zeigte Größe, das Stück wurde aus dem Programm genommen und sogleich, Anja schlug dies vor, durch „It's been a hard days night" von den Beatles ersetzt. Passender hätte ein neues Lied nicht sein können.

Zu Özlems Text „Ich bin 19 Jahre alt", Sang Reyhan kurz vor dem Ende, mit sehnsüchtigem Gefühl ein sehr schönes melancholisches türkisches Lied.

Und am Ende ließen Miri und Özlem mit „Pressure" von Queen die Seele von SoulCity ausklingen.

Jetzt fehlte nur noch mein „Elvis". Bis zwei Wochen vor der Premiere hatte ich immer noch keinen genauen „Plan". Lajos muss das bemerkt haben und gab mir, nachdem er mir zuvor sagte, es solle wie eine Probe sein, den entscheidenden Hinweis. „Mach es, wie du es uns beim Einzelgespräch vorgesungen hast." Ich dachte nichts mehr. In mein

Tagebuch schrieb ich am gleichen Abend. Der arme Elvis, jetzt wird er verunstaltet. Und das mir. Der Kulturschock sollte aber eine Steigerung erfahren. Ich hatte vorgesehen, zum weißen Kostüm weiße Schuhe zu tragen. Eines Tages kam Anke erst mit rot-weißen und etwas später mit blau-weißen Ringelsocken. SOCKEN bis zum Ende der Vorstellung. Manche Kunst verlangt große Opfer. Seit dem 20.08. stehen wir alle unter Dauerstress. Täglich Proben von 18:00 bis 22:00 Uhr, manchmal auch noch nachmittags. Der Lebensrhythmus hat sich geändert. Man schläft kaum, denkt an nichts anderes als an das Stück, seine Texte, Stichworte und Musik. Es kostete uns alle sehr viel Energie.

Am Sonntag, 23.09.2012, traten wir mit dem Trailer beim Theaterfest auf der Probebühne B erstmals öffentlich auf. PROBENAUSSCHNITT SOULCTY, 16:00 bis 16:15 Uhr.

Am Montag, 24.09. begannen die Hauptproben. Mitarbeiter des Theaters, Burkhard Kosminski, Ingoh Brux und sicher andere der Schauspiel-Abteilung waren anwesend. Zudem versorgte uns Steffi mit reichlich Publikum. Wir sollten unter Auftritts-Bedingungen proben, um mit weniger Sorgen in die Vorstellungen zu gehen. Montags gab es einen zusätzlichen Adrenalinschub. Der SWR hatte sich angekündigt, es sollte ein Beitrag für die Sendung „Kulturzeit" in SWR3 gedreht. Und ausgerechnet versenkten wir an diesem Abend, wie bereits geschrieben, Smoke „in" the water. Am Ende der Probe setzte sich Burkhard C. Kosminski zu uns hinter den Vorhang. Es gab Aufmunterung und Gefallensbekundungen. Aber, so dachte ich, es kommt noch etwas nach. „Wir sind noch bei zwei Stunden Programm, das muss auf 90 Minuten gedrückt werden." Ein leicht gesagter Satz mit schmerzlichen Folgen. Kürzen heißt beim Theater „Striche". Steffi, Tilman, Lajos, möglicher auch Burkhard machten sich unverzüglich an die Arbeit und die Betroffenen, insbesondere Melanie und Hans sind mir in Erinnerung, durften ihre Texte neu einstudieren und das 3 Tage vor der Premiere. Am 25.09. schafften wir dir 90 – Minuten – Vorgabe, aber Lajos meinte uns anspornen zu müssen: Wir haben 87%. Es lief noch nicht alles rund. Bei mir lief der „Elvis" zum ersten Mal so, wie ich und auch Lajos es gemeinsam erarbeitet hatten. Nach dem letzten Ton von „It' s been a hard days night" kam von mir die unwiderstehliche Ansage ins Publikum: „Ok, dann geh ich mal ans Klavier, wir machen heute Abend eine Elvis-Show." Bei den letzten Worten schob ich das Klavier sehr impulsiv in Richtung Bühnenmitte und legte los. Ich konnte zufrieden sein. Ich konnte eine komische Nummer mit meinem Gesang verbinden. Lajos sagte mir nach der Vorstellung: „So gibt es einen Bruch im Stück. Nach den vielen schwerbeladenen Texten wird das Publikum wieder wasch gerüttelt. Und nach dem Anfang, kannst du machen, was du willst." Ganz so sollte es nicht sein. Steffi meinte nach einer Vorstellung, dass es „zu wenig Dramatik und zu viele Sentimentalität gegeben hätte". Und nach einer kurzen Pause fügte sie an:" Aber du machst ja eh, was du willst." Ich widerspreche leicht. Es war ein langer Weg bis zum 25.09. Ich habe unzählige Stunden zuhause am Klavier gestanden und jeden Satz und jeden Takt für die Performance erarbeitet. Als wenig routinierter „Klimperer", einen Pianisten wagte ich mich nicht zu nennen, durchlief ich einige Krisen. Am Ende der Probe am 25. Oder 26.09. habe ich vor I can't stop lovin you einen typischen Elvis-Satz eingefügt. Ich wollte vor diesem Lied auch aus der komischen Nummer heraus und nur noch Musiker und Sänger sein. Ich fügte ein: I am very proud to be at the NT of Mannheim. And therefore the next song is dedicated to the city of Mannheim and to all the lovly people in the audiance. Danach gab es keine Änderungen mehr. Was ist meine heutige Erkenntnis? DIE vom Theater verstehen ihr Handwerk. Es hat später viel Spaß gemacht, auch wenn mein Puls jedes Mal vor dem Auftritt bei 100 und danach über 130 Schläge pro Minute betrug.

Die ersten Ankündigungen wurden veröffentlicht.

In **Schattenblick** stand

Schauspiel: Nationaltheater Mannheim
Schauspiel – Premiere
28. September 2012 – Studio
Mannheimer Bürgerbühne
SoulCity (UA)

Geschichten aus Mannheim

In SoulCity, der Eröffnungsproduktion der Mannheimer Bürgerbühne, betreiben Bürger aus Mannheim und der Metropolregion Archäolgie in ihren eigenen Biografien und erforschen sich selbst, mit ihrer Geschichte, mit allen Widersprüchen, exemplarisch als Zeitgeschichte. Gemeinsam entwickeln sie einen neuen Sound für die Bühne des Studios, eine Instant-Band, die uns über ihre Geschichten von der Hinterbühne des Lebens Einblicke in die Seele Mannheims gewährt.

Die **NThusiasten** schrieben

Liebe NThusiasten,

was ist denn die Seele einer Stadt? Wo liegt sie begraben? In den Menschen oder den Orten? Dem Einzelnen oder dem Ganzen? Wer ist Mannheim? Wie ist Mannheim? Und: Ist eine Menge der Einzelne zum Quadrat? Viele Fragen, keine Antworten. Doch: „**SoulCity**" könnte uns da weiterhelfen. Auch am **28. September** wird uns um **20:00 Uhr bei der Premiere** im **Studio Werkhaus** natürlich niemand Antwort auf all dies geben können. Doch wir werden sehen, was zwischen Klängen und Texten, zwischen dir und mir, heute und morgen entsteht, wenn die Seele erst einmal freigelegt ist zwischen all den plötzlich basalen Nebensächlichkeiten des Alltags.

Unsere Ohren sind fremdbestimmte Dienstsklaven dieser Welt – zwischen Chart-Hit und Chorgesang, Hintergrundrauschen und dem Fernseh-Ansager, wabern wir hin und her, begleitet von der Omnipräsenz des Klangs, die uns belohnen aber auch fertig machen kann. Doch wie finden wir unseren Weg durch dieses Leben? Welcher Sound ist der, der uns leitet? Lasst es uns herausfinden und eintauchen in das Spannungsfeld, das Regisseur **Lajos Talamonti** und Dramaturgin **Steffi Bub** mit Bürgern dieser Stadt geschaffen haben. Es wird packend werden.

Für die letzte Hauptprobe am Mittwoch, 26.09. hatte Steffi eine Schulklasse eingeladen. Die Schüler waren 17, 18 Jahre alt. Zu Beginn waren sie unruhig und es wurde an Stellen gelacht oder gekichert, wo wir dies nicht erwartet hätten. Es war eine schwierige Situation. Unbeeindruckt spielten wir weiter und nach dem ersten Drittel hatten wir sie mit unseren Themen überwältigt. Der **Mannheim Morgen war** anwesend und ausgerechnet ich hatte zweimal einen Hänger. Ich ärgerte mich sehr über mich und meine Unkonzentriertheit. Aber wir hatten Ulrike, die uns bei Texthängern soufflierte. Lajos verlangte, wenn wir einen Hänger hatten, laut „Text" zu rufen. Ulrike antwortete dann auch lautstark mit ihrer Hilfe.

Am 27.09.2012 stand im Mannheimer Morgen:

Einblicke in die Seele der Stadt

Theater:

Die Mannheimer Bürgerbühne des Nationaltheaters feiert im Studio Werkhaus mit „SoulCity" Premiere

Mannheim. Es gibt Songs, die verbindet man mit bestimmten Momenten in seinem Leben. Sie tragen einen zurück in die eigene Vergangenheit, sind Teil des persönlichen Lebenswegs.

Manche davon prägen eine ganze Generation, spiegeln ihr Lebensgefühl, ihre Ängste, ihre Hoffnungen und Sehnsüchte.

Darum geht es in dem Stück „SoulCity", der Eröffnungsproduktion der Mannheimer Bürgerbühne. Menschen aus Mannheim werfen einen Blick in die eigene Biografie, erforschen sich selbst mit all ihren Widersprüchen und damit zugleich ein Stück Zeitgeschichte, festgehalten in Musik. Es sind Menschen zwischen 20 und 70 Jahren, ein Querschnitt der Bevölkerung – Sekretärin, Verwaltungsangestellter, Studentin, Rentner, Lehrerin, Hausfrau. Wie Archäologen graben sie in ihrer Erinnerung und geben Einblick in ihre Biografie. Und damit gemeinsam auch in die Seele der Stadt.

„Geschichten aus Mannheim" ist deshalb auch der Untertitel des Stücks. Es entspricht dem Konzept der Mannheimer Bürgerbühne, die ab dieser Spielzeit startet.

Als Projekt aller vier Sparten des Nationaltheaters will sie den Bürger stärker am Theaterleben beteiligen und das Theater so noch mehr zu einem Ort des kreativen Miteinanders machen.

Bereits im Mai fand das Informations- und Auswahlwochenende für „SoulCity" statt. Am Freitag, 28. September, hat das Stück nun um 20:00 Uhr im Studio des Nationaltheaters seine Premiere. Weitere Vorstellungen folgen dann am 30. September sowie am 8., 18. Und 31. Oktober. Dann werden die Bürgen den neuen Sound vorstellen, den sie gemeinsam entwickelt haben.

Es folgte noch ein Hinweis über die Eröffnung der neuen Räume der Bürgerbühne, wo auch wir mit Trailer einen Beitrag leisteten.

Eine Generalprobe wäre keine solche, würde nichts schief gehen. Auch wir folgten dieser ungeschriebenen Gesetzmäßigkeit leidlich. Ansonsten verlief der Abend unspektakulär. Alle hatten die folgende Premiere im Fokus. Und am Abend wurde der Bericht des SWR mit einem tollen Interview von Andy und einer kleinen Außen - Reportage mit ihr um 23:15 Uhr in der Sendung „Nachtkultur" ausgestrahlt. Mit einigen Kommentaren war ich nicht einverstanden, aber Ärgern hätte auch nichts geändert.

Dann kam unser großer Auftritt. Die Premiere. Im Vorfeld hatte Steffi Karten für Verwandte und Freunde ausgegeben, es sollte zum großen Teil ein Familien- und Bekanntenabend werden. Der Erfolg war uns sicher. Wie alle anderen den Tag begannen, habe ich nicht nachgefragt. Jede und jeder wird seine Rituale gehabt haben. Ich war morgens um 6:10 Uhr wach, die Gewohnheit von fast 40 Berufsjahren gönnte mir kein Abweichen (Ich gestehe, um 11:00 Uhr habe ich nochmal eine Stunde „geruht"). Kaffee, frische Brötchen mit Butter und Honig, Zeitung. Nachmittags bin ich meine Texte durchgegangen, habe am Klavier meinen Part angespielt, beim Kaufhof eine Currywurst mit Pommes gegessen. Zur Ablenkung ging ich in den Luisenpark. Sonne tanken, bevor es in den schwarzen Kasten „Studio" ging.

Vor den Hauptproben wurde für die Premiere und alle folgenden Vorstellungen alles Organisatorische bestens vorbereitet. Das Klavier war auf seiner Rückseite, die zum Publikum zeigte, mit schwarzem Stoff verkleidet. Alle Texte wurden von ihren Autorinnen und Autoren im hauseigenen Aufnahmestudio aufgenommen. Sollte eine Mitspielerin oder ein Mitspieler fehlen, würde Tarik mit einem Kassettenrekorder auf die Position der Sprechenden gehen und den Text abspielen können. Im für uns abgetrennten Bühnenbereich, wie bereits berichtet mit einem goldfarben glitzernden Vorhang, legten die Bühnenarbeiter um Hans einen Teppich aus. Hierdurch sollten Schritte gedämpft werden. Der Vorhang ließ bei entsprechender Beleuchtung von Publikumsseite nicht erkennen, was dahinter geschah. Wir mussten uns während des Stückes umziehen und mangels einer ‚Aufwärmzone' musste dies hinter dem Vorhang geschehen. Hans und seine Kollegen waren auch zuständig für das Klavier und die Notenmappe für Anja. Links und rechts in diesem Bereich hatte Anke je einen Ablaufplan im

Format Din A3 hochkant aufgehängt. Braunes Papier mit weißer Schrift. Auf dem Bühnenboden wurden Markierungen für den Overhead-Projektor und das Klavier angebracht. Damian programmierte die Beleuchtung für die Vorstellung. Die Damen der Garderobe, Moni und eine weitere, legten unsere Garderobe hinter unsere Sitzplätze. Die Schuhe darunter auf den Boden. Die Damen der Maske richteten Puder und Schminke. Und es wurde für jeden ein Halbliter Wasserflasche mit Nummernaufschrieb an jeden Platz gestellt. Und das Wichtigste: Einer unsere Inspizienten stellte, wenn er Dienst hatte, eine große Schachtel mit Gummibärchen als Nervennahrung auf einen Stuhl in der ersten Reihe.

Die zeitigen Vorläufe bei der Premiere, wie auch bei allen folgenden Vorstellungen waren festgelegt. Spätestens zwei Stunden vor Beginn mussten wir anwesend sein. Es begann mit leichter Gymnastik, es folgten Garderobe, Maske und anschließend das allseits beliebte Einsingen. Anja durfte sich stets etwas Neues einfallen lassen. Und dann hat sich jeder mit seinen Aufgaben beschäftigt. Anja und ich haben Proud Mary und Venus durchgespielt. Özlem ihren Song. Anja mit Renate H. die roten Rosen und ich anschließend meinen Elvis. Jede und jeder gingen auf ihre jeweiligen Positionen auf der Bühne und reklamierten die Texte. Kurz vor dem Einlass des Publikums stellten wir uns, einschließlich Steffi und Tarik, im Kreis auf wie eine Handball-Mannschaft, legten die Arme auf die Schultern der Nachbarn und ließen unseren Ur-Schrei folgen. Andy war die Kapitänin und rief „ Wir sind..." und alle anderen mit Inbrunst „SOUL-CITY".

Die Premiere war ein Erfolg. Alle waren hochkonzentriert, immer in Spannung und mitten im Stück. Und es gab keine Hänger. Noch nachts schrieb ich in mein Tagebuch: Premiere super. Ausverkauft, mehr als 100 Zuschauer. 10 Vorhänge. Publikum hat mit den Füßen gestampft. Mein Elvis war gut. Bei I can't stop lovin you haben alle mitgesungen. So muss das sein.

Auch anderen im Theater werden Steine von allen Körperteilen gefallen sein. Die Mannheimer Bürgerbühne war erfolgreich gestartet.

Auch die anschließende Premierenfeier war ein toller Abschluss eines tollen Abends. Ich habe mich allerdings schon um kurz vor 23 Uhr verabschiedet. Ich war kaputt und wollte den Abend in Ruhe und Besinnung ausklingen lassen. Ich habe beim Thai gegenüber des NTM gegessen und einen guten Rotwein getrunken.

Am 01.10.2012 hat sich Lajos dafür entschuldigt, dass er die Premierenfeier bereits um 02:30 Uhr verlassen hat. „Das war ein sehr gelungener Abend. Da habt ihr erst mal lange was von. Und die Premierenfeier rangiert schon jetzt auf meiner persönlichen Hitliste auf einer sehr ordentlichen Platzierung. Also: Das war schon mal SOUL"

Und der Mannheimer Morgen?

Schauspiel: Erstmals spielt die Bürgerbühne am Nationaltheater und erkundet Mannheim als „SoulCity" - eine gefeierte Premiere

Metropolitaner schütten ihre Seelen aus
Von unserem Redaktionsmitglied Stefan M. Dettlinger

Ganz am Ende dieses so eindrucksvollen wie spannenden Abends steht – wie könnte es anders sein im Theaterland Teutonia 2012 – ein englisches Liedchen: „Druck legt sich auf meine Seele", heißt es darin. „Druck, nach dem keiner gefragt hat, der Häuser niederbrennt und Leute auf die Straße bringt." 31 Jahre ist das alt. David Bowie und Queen haben es geschrieben, und „Under Pressure" handelt vielleicht genau von diesem unsichtbaren psychischen Etwas, das imstande ist, unser Leben kaputtzumachen. Druck und Leid waren oft eine Antriebsfeder, um Kunst entstehen zu lassen. Und vielleicht fühlen auch das die 15 Menschen, die hier vor uns im Studio Werkhaus auf ihren Stühlen sitzen uns a-capella singen. 90 Minuten lang haben sie von sich erzählt. Von ihrem Leben. Ihren Sorgen. Von ihren Sehnsüchten. Nicht als Schauspieler. Nicht im Dienste der Kunst. Nicht mit vorgeformtem Text. Sie taten es aus freiem Willen, durch eine Art Druck von innen nach außen, wohl um eine Art von außen nach innen etwa zu erwidern.

Neu ist vielleicht nicht, was uns das Nationaltheater jetzt mit seiner ersten Mannheimer Bürgerbühne präsentiert. Ähnliches gab es schon. Man denke nur zurück an „Johannen" bei den Schillertagen 2009. Aber das macht diesen Abend freilich nicht um einen Deut schlechter. Im Gegenteil. Mit „SoulCity" erlebt der Zuschauer Momente unterhaltender Tiefenforschung – viel mehr Lob geht nicht. Er handelt von der türkischen Sunnitin Reyhan, die sich gegen den Willen der Eltern mit dem alevitischen Hussein liiert, von Rainer, dem schrägen Aussteiger, der im VW-Bus beim Hören von Beethovens Neunter im 2. Und im 4. Satz einen Orgasmus bekam, oder von der Bewährungshelferin Miri, deren Lieblingsklienten die Gewalttäter sind. „Die sind hart, aber herzlich." Der kuriosen Erscheinungen gibt es zuhauf, Arbeitsloser (Hans), Lesbe (Anja) oder „Normalo" (Ulla: „Das Leben ist ein langer ruhiger Fluss.") treffen da auf verkappten Hornisten (Kosi), Oberstudienrätin (Renate H.) und die Heidelberger Jurastudentin Özlem, die in die Zukunft blickt: Am 2. Januar 2023 trete ich meinen Dienst als Staatsanwältin bei der Staatsanwaltschaft Stuttgart an. Als Türkin." Auch die anderen sind erwähnenswert. Andrea etwa, die eine besondere Gabe des Sprechens und Singens hat.

Natürlich hat das – zumindest ein Stückweit den Touch einer therapeutischen Maßnahme Natürlich werden hier nicht nur einfach Leben erzählt, sondern auf urkomische, tragische oder aufregende Art Seelen über uns ausgeschüttet. Und natürlich hängt der sich bisweilen als Voyeur fühlende Zuschauer in den rund 90 Minuten bisweilen in den Seilen. Aber Lajos Talamonti, der SoulCity mit Stefanie Bub und Tilman Neuffer (Dramaturgie) komponiert und inszeniert hat, gelingt mit dieser Seelendurchleuchtung, ein wirklich eindrucksvolles Gesellschaftsbild.

Im schnellen Wechsel, aber dennoch sehr konzentriert werden wir als Zuschauer durch die erzählten Episoden geschleift, die Kurzfilme in unseren Köpfen entstehen lassen. Klar, Dialoge oder dramatische Steigerungen gibt es kaum. Das ist vielleicht der große Einwand, den man haben könnte. Die vorerzählten, -gesungenen, -getanzten und –gespielten „Short Cuts" werden nicht zu einem Werk verbunden, sondern bleiben, was sie sind: Textflächen, psycholgische Fragmente aus 15 Leben – die es aber in sich haben. Gerade aus der Verschiedenartigkeit der einzelnen Charaktererzählungen ergibt sich aber dann doch noch etwas wie eine Einheit: Die Einheit der Uneinheitlichkeit, denn eine Menschenansammlung wie in unserer Region kann eigentlich nur von der Unterschiedlichkeit des zu und sich integrierenden Menschen handeln, der sich vor allem in seiner endlosen Suche nach Anerkennung und Liebe gleicht – dem wohl wichtigsten Thema des Seins: „Was wir brauchen ist: Liebe. Aufrichtige Liebe. Keine Affenliebe und das ganze Theater drum herum. Nein, wir brauchen eine gut gepflegte, lebendige Seele. „, sagt Irabelle, und da können auch die bislang Unerwähnten, Melanie, Ulla, Katharina, Renate S., Andrea und Roland, der eine tolle Elvis-Show abzieht, nicht widersprechen.

Schreibt die besten Geschichten immer noch das Leben? Sicher nicht. Aber gut ist hier ohnehin kein Ausdruck, denn was die 15 Mannheimer Bürgermimen verkünden, ist kein Theater, es ist real. Und dadurch teils mehr erschütterndes Drama als Shakespeare oder Schiller. Doch die Ähnlichkeit von beidem ist frappierend. Ist Theater doch Leben und Leben Theater? Viel Begeisterung.

Die Rheinpfalz?

Schillernd, wild und traurig

Wodurch hat Mannheim in den vergangenen Jahren und besonders im letzten Jahrzehnt auf sich aufmerksam gemacht? Ganz klar, mit Musik. „Können Sie sich eine Band vorstellen, die Söhne Recklinghausens heißt oder Söhne Karlsruhes?", fragt ein Mann (Rainer) ins Publikum. Irgendwas hat Mannheim, dass sich diese Frage hier nicht stellt oder schnell mit Zustimmung beantwortet ist. ... Es wurde in dem 90 Minuten dauernden Stück viel und laut und manchmal schräg gesungen. Eine Frau war mit Xavier Naidoo im Kinderchor, ein Mann entpuppte sich als passionierter Schallplattensammler, ein anderer setzte (Er stand!!) sich ans Klavier und gab den Elvis. ...

Das Publikum hörte von Fehlgeburten, Scheidungen, schweren Depressionen, Affären, Missbrauch, von Hass in der Familie, vom Schicksal einer in den Wirren der Nachkriegszeit von fremden Leuten adoptierten Frau, davon, vertrieben worden zu sein, einen schweren Unfall gehabt zu haben, arbeitslos, lesbisch, zeitweise bisexuell und mit der Nichte von Mahalia Jackson in Key West unterwegs gewesen zu sein. ..

Als Zuschauer schwankte man ständig zwischen Faszination und Scham und es war ganz wohltuend, als eine Frau sagte: „Ich war niemals hoch verschuldet, ich war niemals in New York, ich muss noch nicht mal meinen Namen buchstabieren." Allerdings war sie 1997 bei der „Wetten dass – Saalwette eine von 26 als Miss Moneypenny verkleidete Sekretärinnen, die Piere Brosnan küsste.

Zwischendurch durfte man laut lachen, über die Bemerkung einer Frau zum Beispiel, dass sie am liebsten mit der Linie 6 fahre, weil sie in den Scheiben so schlank aussehe.

Die Regie hat sich darauf beschränkt, die Geschichten zu sammeln, zu sortieren, zu kürzen und den Rahmen festzustecken. Die Biografien von den Akteuren zu entkoppeln, um etwas daraus entstehen zu lassen, das mehr mit Theater zu tun hat – das wäre der nächste Schritt gewesen.

Wir sind SoulCity

„Was wir brauchen ist Liebe, aufrichtige Liebe. Keine Affenliebe und das ganze Theater drum herum. Nein, wie brauchen eine gut gepflegte, lebendige Seele." Treffender hätte Irabelle unseren Anspruch in SoulCity nicht aufzeigen können. Es war uns aber nicht ein Anliegen für uns selbst, sondern was wir dem Publikum schenken wollten. Wir wollten mit unseren Texten den Menschen eine Brücke zu ihren eigenen Schicksalen bauen, ihnen eine Chance, ihr eigenes Leben, Revue passieren zu lassen, zu geben. Vielleicht haben wir dazu beitragen können, besser mit sich selbst zu Rande zu kommen.

Unsere Themen waren vielfältig. Womit sollte ich beginnen? Es bedarf keiner langen Suche. Die vielen Menschen, die sich aus Kriegsgebieten zu uns flüchten, geben mir Antwort: Migration und Integration. Ich lasse Reyhan und Özlem zu Wort kommen.

Reyhan

„Bei meiner Einbürgerung werde ich nach einer Begründung gefragt. Was sagt man da? Ich bin hier geboren und aufgewachsen, bin gesellschaftlich integriert, also sage ich einfach „Anspruch?". „Das können Sie aber so nicht da rein schreiben", sagt die Frau bei der Auskunft. „Ich weiß nicht, ob ich ihren Antrag so annehmen kann. Möglicherweise müssen Sie den Einbürgerungstest machen, da werden Sie vielleicht in Geografie geprüft." Hallo, ich studiere hier Deutsch und Englisch, ich habe Abitur! Ich werde vom Ausländeramt durchleuchtet, gehöre ich irgendwelchen extremistischen Organisationen an? Besteht eine Gefahr für die deutsche Verfassung?

„Ich erkläre feierlich, dass ich das Grundgesetz und die Gesetze der Bundesrepublik Deutschland achten und alles unterlassen werde, was ihr schaden könnte."

Irgendwann werde ich Lehrerin. Ich in türkische Schwäbin. Die Einbürgerung hat mich fast 500 € gekostet. Ich bin kein Anschauungsobjekt für Integrationsfragen. „

Vielleicht doch. Aber lassen wir sie ihre Geschichte vollenden.

„Ich bin türkische Sunnitin. Meine Eltern leben ein sehr konservatives Leben. Nicht nur, dass sie keine Beziehung außer der Ehe tolerieren, sie würden einen alevitischen Schwiegersohn nie akzeptieren. Alles verläuft heimlich. Meine Eltern kontrollieren meine außerschulischen Aktivitäten. Ich erfinde Mittagsunterricht, bewege mich in einer Grauzone zwischen Wahrheit und Lüge, Gehorsam und Rebellion. Ich habe mir noch nie etwas aus Religion gemacht, eine Last, zumindest so wie sie in unserer Familie gelebt wird. Meine Eltern dulden keinen Ungehorsam

gegenüber Allah und all seinen Auflagen. Mein Verständnis von Moral basiert nicht auf blindem Gehorsam und innerlich rebelliere ich, aber ich kann nichts sagen. Ich bin per se böse.

Meine Eltern haben mich gelehrt, sie zu fürchten, so wie sie es von ihren Eltern schon gelernt hatten in dem Dorf in Anatolien. Ich studiere, komme nur zum Schlafen nach Hause, treffe mich mit Hüseyin an Orten wo uns niemand entdecken kann. Mein Blick weicht nie von der Uhr. Die Auseinandersetzungen mit meinen Eltern sind zermürbend. Unsere Liebe wächst mit jedem Tag. Hüseyin ist meine große Liebe. Konfession war nie das Problem, vielleicht eher, dass ich aus seiner Sicht zu „Deutsch" war. Er wurde etwas deutscher, ich etwas türkischer. Nach sieben Jahren geht er vor mir auf die Knie und fragte mich ob ich ihn heiraten will. Ja, ich will.

Es kommt der Tag an dem ich meinen Eltern reinen Wein einschenke. Für sie zählt nur der Glaube. Wenn er oder seine Familie nur einen Schritt in unser Haus wagt, jagen sie sie davon.

Ich gebe meinen Eltern Zeit alles zu überdenken. Aber es ändert sich nichts. Sie schweigen. Ich nicht.

Hüseyin und ich melden uns beim Standesamt in Mannheim an, seitdem habe ich meine Eltern nicht mehr gesehen. Sie und meine Geschwister haben jeden Kontakt zu mir abgebrochen. Ich liebe, ich bereue keine meiner Entscheidungen."

Özlem

„Ich bin 19 Jahre alt und ich studiere Jura im 3. Semester in Heidelberg. Noch gehöre ich nicht zu den Überfliegern. Ich mache meinem Motto „vier gewinnt" alle Ehre. Doch das wird nicht mehr lange so bleiben. Ich werde immer besser – so viel besser, dass es fast unheimlich ist. 2016 mach ich mein erstes Staatsexamen. Prädikatsexamen. Meine Kommilitonen wundern sich. 2018: zweites Staatsexamen. Jetzt platzen sie vor Neid. 2019 wird das beste, schönste, verwirrendste und erlebnisreichste Jahr meines ganzen Lebens sein. Ich mache eine Reise in mein Heimatland. Ich besuche meine Verwandten. Tante und Onkel – Essen – Vegetarierin. Anfangs werde ich mich wie eine Fremde, eine Verlorene fühlen. Am 28. August 2019 werde ich abends alleine am Strand des Schwarzen Meeres entlang spazieren gehen. Es wird ein lauer Wind wehen, der Sand wird sich von der heißen Sonne erholen. Der Sonnenuntergang wird so schön aussehen, dass er mir unwirklich vorkommt. Ich werde meine Augen schließen, es ertönt der Aufruf zum Gebet aus der nächstgelegenen Moschee.

Genau das wird dieser eine Augenblick sein, in dem ich anfange, mich endlich

in dem Land, in dem ich meine Wurzeln habe, heimisch zu fühlen.

yüksek yüksek tepelere – so wird der Titel meines Buches lauten, das 2021erscheint. Es wird ein Bestseller! Ich werde darin nämlich eine kongeniale Formel veröffentlichen, die alle Fragen der Interkulturalität, alle Integrationsfragen und alle Xenophobien von vermeintlich Einheimischen in einem alles und alle erlösenden großen Gedanken fassen wird, den man ganz einfach und praktisch im Alltag üben und praktizieren kann. Talkshow-Angebote werde ich ablehnen. Mein Buch schlägt Wellen.

Am 1. Januar 2023 trete ich meinen Dienst als Staatsanwältin bei der Staatsanwaltschaft Stuttgart an. Als Türkin!

Freunde werden gewonnen, Freunde werden verloren. Alles und jeder wird

sich verändern. Zum Guten, zum Schlechten. Die Jahre kommen und gehen.

Ich werde nicht mehr so schlank sein. Ich werde die ersten grauen Haare haben.

2038 bin ich 45 Jahre alt. Ich weiß jetzt, wer ich bin und was ich wirklich will."

Beide, Özlem und Reyhan, müssen zumindest zwei Herzen in sich tragen, denn sie sind beides, Türkinnen und Deutsche, ob letzteres mit dem Pass verbunden ist, hat mit dem Faktischen nichts zu tun. Zwei Dinge möchte ich anmerken dürfen. Die Einbürgerung von Reyhan und der vielen anderen türkischen Migrantenkinder zeigt, dass sich der deutsche Staat schwer tut, vielleicht bewusst Hürden aufbaut, um in unserem Land lebende und deutsch sprechende Mitbürger einzubürgern. Die vielen Flüchtlinge, die unser Land als Schutzraum vor Gewalt und Tod auserwählt haben, müssen integriert werden. Und von unseren Politikerinnen und Politikern erwarte ich Antworten und Lösungen, keine unsäglichen Diskussionen über Obergrenzen, zweitweise Duldungen und Familienzuzug. Denn ich bin der festen Überzeugung, dass der Islamistische Staat, oder die, die in diesem Kalifat - wenn auch nur zeitweise - das Sagen haben, sich nicht wünschten, dass Europa so viele Syrer **aufnimmt** und **gut versorgt**. (Jede Macht braucht Untertanen.)

Als Reyhan davon sprach, dass sie als Sunnitin einen Alewiten heiraten würde, was ihre Familie mit Kontaktabbruch beantworte, war das für uns sicher noch kein zu bedenkendes Problem. Familiensache, tragisch, aber sonst? Kaum zwei Jahre später ist es in unseren Köpfen: Sunniten, Schiiten, Alewiten und sicher noch einige andere islamische Glaubensbewegungen. Ich möchte die Ereignisse hier nicht werten. Aber ich ging 1959, in meinem ersten Schuljahr, noch in eine evangelische Volksschule!

Renate H. und Kosi kommen als Betroffene der Nachkriegs-Wirkungen zu Wort. Beide waren zwar nur mittelbar betroffen, ihre jeweilige Geburt liegt nach dem Ende des 2. Weltkriegs, aber als Kinder von Vertriebenen teilen sie das Schicksal von geschätzten 12 Millionen Menschen. Man stelle sich das vor: 12 Millionen werden in einem Teil Deutschlands aufgenommen, wo kaum ein Stein auf dem anderen ist und in dem Armut und Not so groß wie nie waren.

Renate H.

„Wenn ich mit meiner kleinen schwarzhaarigen böhmischen Zwergen-Oma auf dem Markt war, dann sagten die Leute immer „Gell, Frau Hoffmann, die Kinder werden heute alleweil so groß". Als Kind hatte ich immer das Gefühl, da stimmt was nicht.

Mein Name ist Renate Hellmuth. Aber auch Renate Porsche. In Wirklichkeit Valda Blaumannis. Ich habe zwei Mütter und zwei Väter. 1944 – ich bin noch nicht geboren – flieht meine Mutter mit meinem 5-jährigen Bruder von Riga über Danzig, Berlin, Dresden, dort komme ich zur Welt. Mein Vater muss getrennt von uns fliehen, weil er im politischen Widerstand gegen die Russen ist.

Kurz nach meiner Geburt wird meine Mutter sehr krank. Mein Vater kann sich nicht um mich kümmern, weil er in Dresden in einem Arbeitslager ist. Also bringen mich die Schwestern in ein Kinderheim. In dem allgemeinen Chaos, das kurz vor Kriegsende ausbrach, ist meine Mutter mit dem Vater und dem Bruder nach Garmisch-Patenkirchen weitergeflohen, mit dem Gedanken, mich später nachzuholen. Währenddessen flüchtet eine sudetendeutsche Familie über Dresden.

Diese Leute sind kinderlos, nehmen mich mit, ändern meinen Namen und meinen Geburtsort, vernichten meine ursprünglichen Papiere, ab da heiße ich Renate Porsche. Ich komme mit meiner neuen Mutter und der ganzen böhmischen Mischpoke in Mannheim an. Meine leiblichen Eltern haben sofort begonnen, mich zu suchen. Aber da das Kinderheim aufgelöst und mein Name geändert war, konnten sie mich nicht finden. Ich war verschwunden. Sie haben fünf Jahre ergebnislos nach mir gesucht. Dann sind sie in die USA ausgewandert.

Zu Hause in Mannheim klingelt es nachts an der Tür, da steht ein großer fremder Mann davor, um seine Tochter abzuholen. Ich komm aus den Ferien zurück und finde meine Mutter völlig aufgelöst vor. Ich weiß gar nicht, was los ist. Da nimmt mich meine Oma zur Seite und sagt: „Renate komm mal her, da war ein großer Mann nachts da. Er ist dein Vater, weil deine Mama und dein Papa sind gar nicht deine richtigen Eltern. Du kommst irgendwie aus dem Osten. Du heißt auch nicht Renate, sondern Walburga oder so. Deine leiblichen Eltern sind eh nicht gut gewesen, die haben Dich zurückgelassen. Das ist aber nicht so schlimm. Du gehörst zu uns."

So langsam hab ich mich an den Gedanken gewöhnt, zwei Mütter und zwei Väter zu haben. Jetzt war ich was Besonderes."

Und dann sang sie, „Für mich soll's rote Rosen regnen, mir sollten sämtliche Wunder begegnen ...".

Wenig später gab sie zusammen mit Miri und Melanie Einblicke in die stürmische 68er Zeit. Eine Zeit, in der wir damals Jungen glaubten, eine neue Welt schaffen zu können und das bürgerliche Korsett unserer Eltern sprengen. Manchmal wünschte ich mir, dass die heutigen Studentinnen und Studenten mehr wenig des Politischen hätten, wie zu Zeiten eines Rudi Dutschke. Ach was hatten wir Ideale:

„Sitzlandschaft, Flokati, Wände, Plakat, Tischchen, Cuba Libre, Gitanes, Gauloises

Kapital, Marx und Mao-Bibel, Aschenbecher, Freunde, Plattenspieler, Musik...

La place rouge, Farbfernseher, Tagesschau, Köpcke, HORNBRILLE

Kofferraum, SCHLEYER! RAF, Mord, Studenten

Konsumprodukte, SDS, SPK, APO

Wer 2 x mit der gleichen pennt, gehört schon zum Establishment /

Bürger lasst das glotzen sein, kommt herunter, reiht euch ein

Lange Haare, Fettige Haare

DASH. Der General

Natur, Stricken, Reformhäuser, SCHNEEKOPPE, HB-Männchen, Rotwein, Bier

Geschlechtsunspezifische Erziehung, Rosa Röckchen, Reihenhaus.

Die Leute wollen wieder was werden, Ordnung kommt rein, Parkett wird abgeschliffen, die Wände werden geweißelt, die Farben kommen raus, das Bier kommt raus, der Sekt kommt

rein, und die Ernüchterung kommt mit dazu.

Ich arbeite als Lehrerin – bin Oberstudienrätin – und als Psychotherapeutin,

ich stehe morgens auf und habe zwei Kinder, ich hatte einen Mann, der war

schon lange weg, den habe ich rausgeschmissen.

Ich bin seit 10 Jahren alleinerziehend. Frust, Ernüchterung, und wo sind

eigentlich die Ideale hin? Ich bin müde, ich bin fertig, ich bin allein.

Gehe ich nochmal, um meinen inneren Frieden zu finden, zurück in meine

unbekannte Heimat: Lettland?"

Kosi

Traugott „Kosi" Kosian verstarb am 09.06.2015 überraschend. Das Herz wollte nicht mehr. Er war Kind einer Vertriebenenfamilie aus dem Sudenten-Land. Studierte Musik in Mannheim, leitete einige Blasorchester, schrieb Märsche und war mir ein lieber, stets mit ironischem Schalk behafteter Zeitgenosse, immer verschmitzt lächelnd. Er war auch Statist im Nationaltheater in der Produktion „Der Besuch der alten Dame" von Dürrenmatt und spielte in einem auf der Bühne vorbeiziehenden Orchester Posaune. Ihm habe ich es zu verdanken, dass mich die Leiterin der Komparserie des SWR für eine kleine Rolle (als Polizeipräsident) im Stuttgarter Tatort „Freigang" einsetzte.

Unvergesslich bleibt mir in Erinnerung, wie er im letzten Drittel unseres Stückes, als wir 4 Männer mit Hans das Plattenraten spielten, mit zwei Bierflaschen von hinten antrottete und sang: Nie sollst du mich befragen.

Und was ich auch nicht vergesse: Zu Weihnachten 2012 hat er mir einen fast 1,5 kg schweren Christstollen gebacken!

Sein erster Text:

„Ja - Ich bin ein Massenmörder: - ja - ich habe zig Menschen getötet; Frauen und Männer, Alte, Junge, aber vor allem auch.....Kinder!

Ich habe sie erhängt, erwürgt, ertränkt, erstochen, erschossen, während ich in

ihre Augen sah und sie anlächelte, mit ihnen freundliche Worte wechselte. Ich war aber auch ein Feigling: Gott sei Dank spielte sich dies alles nur in meinem Kopf, in meinen

Gedanken ab, aus Hass ob dessen, was mir angetan wurde.

Das Drama, das ich zu solch einem seelischen Monster wurde, begann schon lange vor meiner Geburt, als meine Familie 1945 im Kugelhagel der alliierten Jäger, welche wahllos in die Flüchtlingstracks schossen, aus dem Sudetenland - heute Tschechien - vertrieben wurde. Damals war man nicht so weichgespült wie heute und nannte die Vertriebenen „Rucksackdeutsche".

Ich kam dann in die ‚Volksschule', wurde geprügelt und diskriminiert und die Lehrer schauten nur zu. Teilweise schienen sie sich sogar zu freuen. Ich wurde erpresst und stahl meiner Mutter Geld, um wenigstens einige Zeit Ruhe zu haben."

Zwei Kostproben seines Humors

Ging Gong:

„Guten Tag, Hallo!"

„Meine Tochter möchte Klavier lernen."

„Möchten SIE oder Ihre Tochter das?"

„Wir wollen es Beide!"

„AHA! Haben Sie ein Klavier zu Hause?"

„Nein! Braucht man das?"

„Aber das Kind muss doch zu Hause üben."

Ging Gong:

„Meine Tochter hat überhaupt keine Lust mehr. SIE mit Ihren blöden

Fingerübungen und Ihrer laufenden Motzerei. Am Anfang hat sie so schön mit

den Fäustchen auf dem Klavier rumgehämmert, und jetzt will sie gar nicht

mehr!"

Jetzt weiß ich auch, wieso man von einem Hammerklavier spricht.

„Liebe Frau," **Gedankeneinwurf**: *„Blöde Kuh!"*

„Ich motze nicht! Ich erteile Klavierunterricht! Ich sage Ihrem Kind, was es richtig und was falsch macht. Suchen Sie sich ab heute einen Lehrer, der nicht

motzt, der keine blöden Fingerübungen macht und bei dem Ihre Tochter mit

den Fäustchen auf dem Klavier rumhämmern kann!"

„Das können Sie doch nicht machen!"

„DOCH ICH KANN!"

„Ich studiere Musik und mein Hauptfach ist Horn! Mein Lehrer ist Clemens

Dannhausen, erster Hornist beim Nationaltheater Mannheim und Solohornist in Bayreuth. Ich habe mal wieder samstags im Nationaltheaterkeller Unterricht und er

scheißt mich nach Strich und Faden zusammen. Da geht die Tür auf und ein

auswärtiger Hornist tritt ein, begrüßt Clemens Dannhausen und fragte ihn:

„Wer ist dieser junge Mann?" „Das ist ein Kollege von mir!" Dies habe ich mir

mein ganzes Leben lang gemerkt.

Dann beginnt ein für mich sehr schmerzliches Drama. Mein Zahnarzt sagt mir,

dass ich mit ca. 40 Jahren oben keine Zähne mehr haben werde, und der Beruf des Hornisten deshalb für mich nicht infrage käme. Nie werde ich als Hornist in einer Oper meines Lieblingskomponisten Richard Wagner mitspielen können.

Er lag natürlich völlig falsch, ich hatte mit 41 oben keine Zähne mehr."

Unser KOSI!

Bei den nächsten dreien mag man, im bürgerlichen Leben angekommen, materieller Sorgen enthoben, ihre Texte im Bereich außergewöhnlicher Geschichten ablegen, man mag glauben, dass dies doch nur Einzelfälle seien, denen keinesfalls Allgemeingültigkeit zugesprochen werden könne. Ich sehe das anders. Insbesondere der familiäre Bereich ist, in vielen Studien belegt, ein Ort vielfältiger Gewalt. Aktionen wie „Gewalt gegen Frauen. Nein. Danke" zeigen auf, dass dies, trotz hoher Dunkelziffern in der Gesellschaft angekommen ist. Neid und Missgunst sind, weil man glaubt zu kurz gekommen zu sein, Hass ist wegen fehlender Anerkennung und Zurücksetzung oder auch Überforderung, nicht nur denkbar, sondern im Leben auch unserer Gesellschaft immanent vorhanden. Dies ist nicht der Ort großflächig über die Entstehung von Terrorismus zu schreiben, aber wenn ich Beiträge von ernstzunehmende Publizisten in der „ZEIT" über die Gräueltaten in Paris am 11.11.2015 lese, wurden insbesondere viele ausgegrenzte, hoffnungslose, arbeitslose junge Menschen eingefangen von einer gegen uns gerichteten Ideologie des Schreckens.

Aber auch von der Liebe (zu Frau, Mann und Mutter) wird erzählt, die uns alle beherrschende Macht, die uns ein Hochgefühl bescheren, uns aber auch um den Verstand bringen kann. Marcel Reich-Ranicki wurde vor vielen Jahren gebeten, eine Definition für die Liebe zu finden. Er bewegte sich wie eine Katze um den heißen Brei. Shakespeare schien ihm geeignet, denn im Sommernachtstraum heißt es: Die Liebe sieht mit dem Gemüt, nicht mit dem Auge, drum nennt man auch den Gott der Liebe blind. Er wollte es konkreter fassen. Seine Definition: Die **Liebe** ist eine **Leidenschaft,** die **Leiden schafft.**

Katharina

„Es war einmal ein kleines Mädchen, das hatten seine Eltern sehr lieb. Die Familie führte ein Schaustellergeschäft – und das schon seit 1905! Magenbrot, gebrannte Mandeln, Popcorn, Kinderschleife, Karussell, Kettenflieger, Achterbahn, Riesenrad und, und, und – das kleine Mädchen genoss die Vorzüge des Schaustellerdaseins in vollen Zügen und arbeitete ab ihrem siebten Lebensjahr fleißig mit ihrer Mutter und Tante im großen Schlaraffenhaus. Es lernte die Popcornmaschine zu bedienen und

Zuckerwatte zu drehen. Die Freude war groß als ein Schwesterchen zur Welt kam. Jeden Abend stand das Mädchen an seinem Bettchen, sang ihm ein Lied und zog die Spieluhr auf. Mit drei Monaten verstarb das Schwesterchen. Es fehlte sehr.

Dann sang sie das Lied „Send in the clowns" in eigener Übersetzung

Du warst mein Licht

in dunkler Nacht

Hast mit deinem Lächeln

mich fröhlich gemacht

Schick die Clowns herein

Du gingst zu schnell

von dieser Welt

Ich hätt so gern noch

dir Märchen erzählt

Wo sind die Clowns

Schick die Clowns herein

Nun steh ich hier und sing von dir

wünscht Du mein Schwesterchen wärst noch immer bei mir

Mit dir gingen die Freude und auch das Glück

Als das Mädchen heranwuchs und eine schöne Frau wurde, erblickte sie auf einer Desperados-SMS-Party einen Prinzen und tanzte mit ihm. Auch er wollte sonst mit niemandem tanzen. Alsbald kündigte sich ein Kind an, und es wurde Hochzeit gehalten. Das junge Paar war sehr glücklich, die Schwiegereltern aber waren böse, abgrundtief böse und konnten nicht leiden, dass ihr Sohn sich diese Frau erwählt hatte. Hass und Hochmut wuchsen wie ein Unkraut in ihren Herzen immer höher, dass die Frau Tag und Nacht keine Ruhe mehr hatte. Sie sagten: „Du bist eine Zigeunerin und hast unserem Sohn ein Kuckuckskind ins Nest gelegt." Sie trachteten der Frau nach dem Leben, und als der Prinz mit einer Gehirnblutung im Krankenhaus lag und die Frau an seinem Krankenbett wachte, nahm des Teufels Werk seinen Lauf.

Am Abend legte sich die Frau, durch Sorge geplagt und des Tages sehr müde, schlafen. In der Nacht erwachte sie mit einem Mal durch einen starken Schmerz im Arm, gerade so als würde mit einem Messer hineingestochen. Unter immer größeren Schmerzen wankte sie ins Badezimmer. Sie erblickte zwei klaffende Bisswunden, jede ca. 1 cm tief, wie mit Beißklauen hineingestoßen. Es wurde ihr weiß vor Augen.

Was in jener Nacht wirklich passiert ist, sollte sie nie erfahren, aber als sie am Tag aus dem Krankenhaus nach Hause zurückkehrte, sah sie an der ansonsten blitzblanken Scheibe ihres Fensters einen Fleck, oval und handtellergroß, mit Härchen gespickt, als habe jemand eine Spinne daran totgeschlagen, eine große Spinne ... Bin ich verrückt, ist das wirklich passiert?"

Melanie

Während meine 3 Jahre ältere Schwester ein Wunschkind ist, werde ich 1977 als „Unfall" meiner Eltern geboren. Mein Vater ist dem Alkohol und anderen Frauen sehr zugetan. Das erste, was mein Opa sagt, als er mich sieht ist: „Bleibt die so hässlich?"

Meine Schwester Ramona reagiert mit Einnässen. Als ich 3 Jahre alt bin, stirbt meine Uroma. Meine Mutter krabbelt nackt auf dem Boden herum. Ich setze mich auf ihren Rücken und denke, es ist ein Spiel. Unsere Mutter mit meiner Schwester und mir allein zu Hause. Ich schüttele sie und rufe immer wieder „Mama, Mama", aber sie reagiert nicht.

Paranoide Schizophrenie. Ramona kümmert sich seitdem um sie. Unser Vater trinkt immer mehr. Oma mütterlicherseits ist jetzt unsere Mutter. Streit. Besonders an so Tagen wie Weihnachten. Ich hasse Weihnachten. Alles was ich will, ist eine „normale" Familie. Ich habe nie gesehen, dass meine Eltern sich geküsst haben oder sonst irgendwie zärtlich gewesen wären. Mit 5 Jahren male ich mir aus, wie es wohl wäre, wenn ich mich einfach umbringe, vielleicht würden sie dann sehen, was sie an mir haben. Dieser verdammte Alkohol. Immer wieder gibt es lautstarke

Auseinandersetzungen, immer wieder werden Möbel umgeschmissen, immer wieder rufen Nachbarn die Polizei. Mein Vater geht mit dem Messer auf meine Mutter los.

Mein Vater hat eine Affäre mit einem jungen blonden Mädchen. Er bringt sie oft mit nach Hause, zusammen trinken sie Wein und schauen sich Videos an. Er sieht sie ganz anders an als meine Mutter. Wir sollen dann mit ihren Katzen spielen. Meine Mutter scheint nichts zu merken. Eines Abends, mein Vater mit ihr auf der Couch. Ich habe meinen Vater verraten, mein Vater streitet alles ab. Für ihn war und bleibe ich immer das dumme Mädchen, das zu nichts zu gebrauchen ist. Kurz darauf hat meine Mutter eine Affäre.

Ich sagte nichts. Ich erlebe den ersten Suizidversuch meines Vaters. Zuerst versucht er, sich vom Balkon runter zu stürzen, dann nimmt er eine Packung Schlaftabletten, zusätzlich bekommt er einen Herzstillstand. Ich verstehe bis heute nicht, wie man so etwas vor seinen Kindern machen kann.

Dann noch der Kinder- und Jugendchor Mannheim Wallstadt. In diesem Chor war auch Xavier Naidoo. Cool. immer ein kleiner Rebell. Im Chor sind wir eine Gemeinschaft, da spielt es keine Rolle, aus welchen Verhältnissen man kommt, denn was zählt, ist die Musik."

„Wenn ich jemanden neues kennen lerne, kann ich 100%ig davon ausgehen, dass er verheiratet ist.

Ich lerne mit 16 Jahren die Liebe meines Lebens kennen. Ich nenne ihn jetzt mal Daniel. Es bleibt zunächst eine platonische Liebe, doch dieser Tag auf dem Weinfest soll mein Leben grundlegend verändern. Nie wieder danach war ich in jemanden so verliebt wie in ihn. Ich gehe auf Partys, treffe irgendeinen, der viel älter ist als ich. Ich bin naiv. Er nimmt sich, was er will, nicht nur einmal. Ich wehre mich nicht, aus Angst. Aus dieser Geschichte resultiert meine erste Fehlgeburt, die ich in der Unitoilette bekomme. Ich hätte dieses Kind zwar nicht wirklich haben wollen, doch ich hätte auch nicht den Mut gehabt, es abzutreiben.

Mit 23 Jahren treffe ich endlich Daniel wieder. „Meinen" Traummann. Ich werde nie den ersten Kuss von ihm vergessen. Er wird schon wissen was er tut, schließlich hat er ja den Anfang gemacht. Er macht mir aber auch keine Versprechungen, er sagt mir nie, dass er sich von seiner Freundin trennen würde.

Aufgrund meines Studiums bin ich ein Jahr in Spanien. Ich habe plötzlich das Gefühl, Daniel hat geheiratet. In Deutschland geht die Affäre weiter, immer belastender für mich, es macht mich wahnsinnig, immer auf ihn warten zu müssen, alles spielt sich in meiner Wohnung, zu begrenzten Zeiten ab. Immer wieder muss er die Uhr im Blick

behalten, immer aufpassen, dass niemand etwas davon erfährt. Ich stürze ich mich in Affären, um mir selbst etwas zu beweisen. Dreiecksbeziehung: Daraus mache ich meine Magisterarbeit. Somit hat das Ganze dann doch etwas Gutes, und beginne an der Uni Mannheim Seminare über „Liebe, Lust und Leid" in der Literatur zu geben. Immer sehr beliebt und gut besucht. Vor allem Betroffene. Eines

Tages merke ich, dass Daniel nicht nur mich als Geliebte hat. Er gibt es nie zu. Unerträglich. Mit seiner Frau kann ich inzwischen leben, aber mit einer dritten? Wir können nicht miteinander, aber auch nicht ohne. Ich möchte nicht im Alter alleine sein müssen." Die **Liebe** ist eine **Leidenschaft** .....

Andy

„Ich bin was Besonderes. „Monnem is ä schääni Stadt...." Ja? Keine Ahnung... Monnem = Waldhof: Sozial-Gebiet - Armut - Musebrodvärtl – Die Kinder – mir ware zu viert, ich weiß, bissl wenig für das Viertel, die Nachbarn haben 9 gehabt, aber das

Nonplusultra waren einfach die Mütter. Mei Mudder!

Wie macht sie das, das sie nie essen muss, nie schlafen muss, immer Zeit hat zum Zuhören, stark ist obwohl sie so dünn ist, für jedes Problem eine Lösung findet? Ich will sein wie sie, sie ist meine Heldin, meine Königin, meine Proud Mary!"

Sie singt Proud Mary.

Und später…

„Vorm Spiegel sing ich immer mit der Bürste. Meine Mama war immer stolz auf mich, sie hat immer gesagt, Andy, Du bischd was Besonderes, unser Erna aus der Beilstraße hat's auch geschafft, die Joy Fleming! Versprich mir, dass du mir auf meiner Beerdigung Amazing Grace singst. Des wird jetzt erst mal ganz weitndo hinna in mei Schublad gschoba…

Warum ist meine Mutter so anders kurz bevor der Papa kommt, warum ist sie so still, obwohl sie so gern babbelt, warum schläft sie mit dem Kopf auf den Küchentisch? Väter, Männer, freitags, Lohntüte, Bierflaschen, 10er-Eis, später am Abend gefallen sie mir nicht mehr. Ich hab mich immer gefragt, ob alle Männer, die Bier trinken

irgendwann bös werden. Warum steht da ein Beil neben dem Elternbett?"

„Meine Mutter hat einen Schlaganfall – ich bin dabei – 5 Jahre wird sie gequält,

sie nennt mich Mama. Vollzeit-Job, Familie, Haushalt -kein Sport, keinen Partner, kein Geld, keine Freunde, nach der Arbeit zu Mama....Frustfraß - 25 kg Zunahme -/ hasse mich – die Andy gibt's nicht mehr.....

Mama stirbt - ich bin bei ihr – ein tagelanger Kampf - singe bis zum letzten

Atemzug.... entspannt.... friedlich..

6 Wochen Psychosomatische Klinik – dort sagt man mir – ich soll mich um das Kind in mir kümmern – Wie geht das?

Ach ja gell, und von wegen aus uns Gassenkindern wird nix. Handball - ich bin

Torschützenkönigin SV Waldhof 2. Liga."

Eine der schwierigsten Aufgaben hatte Renate S. Lajos kam während der frühen Proben zu ihr und meinte, da jemand ausgefallen sein, sie solle am Anfang „Hänschen klein" singen. Sie dachte: Nee, oder? Er meinte, ja, auf jeden Fall, er würde das nicht machen, wenn er meinte, sie würde sich lächerlich machen. Gerade das Unspektakuläre, wo man etwas Spektakuläres erwarte, sei gut. Sie hatte vor den Auftritten „Mega-Bauchschmerzen" und ließ sich von Anja mehrfach den Ton geben. Gut sei es gewesen, dass es, als sie rausging, dunkel war und sie fand es gut, als Erste vorzutreten, denn dann konnte sie keine Einsätze verpassen. Renate S. schrieb mir: Hänschen klein, ich werde das nie vergessen, musste vor kurzem bei einem Symposium die Moderation machen. Da fiel es mir wieder ein und ich dachte, hoffentlich sing ich jetzt nicht Hänschen klein. Das ist so in meine Synapsen eingegangen.

Sie hatte zwei Texte. Den ersten sprach sie mit Miri und Andy, beim zweiten antwortete sie auf einen Text von mir.

„Meinen Versuch, mein Leben unter verschiedenen Gesichtspunkten zu betrachten oder zu kategorisieren, habe ich gerade aufgegeben. Die Geschehnisse, Tagesreste, Erinnerungsspuren sprechen ja für sich, meine Enactments, aber gut egal. Wenn ich was erzählen kann, dann hat sich's ja schon erklärt. Dann brauch ich keine Deutung für mein Leben. Mein Leben inszeniert sich ja im Umgang, quasi jetzt mit mir selbst, auch im Umgang mit

Anderen. In Begegnungen, in der Art wie ich die Beziehungen zu meinen Kindern gestalte, aber auch auf die Art wie ich meinen Kaffee trinke oder der Stil wie ich mein Auto parke, im Alltäglichen eben.

Als Menschen machen wir uns eine wohlverstandene Illusion (Miri)

und die verändert sich alle 10-20 Jahre. Die Realität ist eine Haut, die wir uns machen, (Renate)

um es in der Welt auszuhalten. (Andy)

Würden wir direkt in der Welt abgeliefert, könnten wir in ihr (Miri)

eigentlich nicht leben, jeder hat seine eigene Wahrheit (Andy)

und die stimmt auch. (Miri)

Also wenn du Depressionen nimmst, früher wars ne Krankheit, dann ist das jetzt eine Störung, dann ist das auch abrechenbar, das hat aber eine andere Ziffer, 93.2, weiß ich nicht so genau, muss ich nachgucken, irgendwas um die 90 rum. Jetzt spricht man von Volkskrankheit.

Nee! Burnout hat keine Ziffer. Dann muss man schon ne Depression diagnostizieren. Burnout ist ein Phänomen der Zeit. Also, ich denke schon, dass es eine Depression ist. Auf dem Weg zur Depression. Jetzt gibt es schon das Gegenteil, die Unterforderung, also das Boreout."

Bürgerliche Welt

„Die bürgerliche Welt bekommt mich zurück. Ich zeuge eine Tochter, ich heirate ihre Mutter. Abendgymnasium, Abitur, Studium, Beamtenlaufbahn, ein Haus, noch ein

Haus, Wohnwagen, Urlaub (immer noch ohne Flug), Hobbies. Dreißig Jahre ein schönes Leben. An einem Samstagnachmittag im Oktober 2005 streiten wir uns wie so oft in den letzten 10 Jahren über nichts, was des Streitens wert ist. Wie alle Paare,

die nur jeden ihrer Tage an einem imaginären Maßband abschneiden.

Ich genieße einen Kaffee nach dem Essen und lese Zeitung.

„Du könntest den Rasen mähen."   „Ja, mache ich."

„Aber bald." „Hab den ganzen Tag Zeit, jetzt lese ich."

„Es könnte regnen." „Der Himmel ist blau, es regnet nicht."

„Oder soll ich den Rasen mähen?"   „Nein, ich mähe ihn ja."

„Immer muss ich alles alleine machen."

Ich sehe sie wohl mit sehr grimmigem Blick an.

„Oder willst du wieder ausziehen?"

„JA."

Ein Auto voller Kleidung, ein Kontrabass, viele Bücher und Noten. Es liegt wohl in meiner Natur, weitreichende Entscheidungen zügig zu treffen.

Die erste große Liebe mit 18, mein bester Freund nahm sich ihrer an. Das Gefühl der ersten Liebe habe ich – im Nachhinein - bei den beiden Frauen, die ich heiratete, nie so empfunden, das verlief irgendwie pragmatischer. Trotzdem Verantwortung.

30 Jahre sind 30 Jahre, Familie bleibt Familie."

Während dieses Textes stand die „Männerwelt" (Rainer, Hans und Kosi und ich) in einer Reihe auf der Bühne. Und während ich sprach, schlich sich Renate S. links neben mich und „traf" uns ins Mark mit ihrem letzten Satz.

„Sie fährt einen Peugeot 206, blau. Den Kaffee trinkt sie mit Milchschaum, der Schlüsselanhänger ist von ihrem Sohn. Der Plan für den Sportgarten hängt im Arbeitszimmer.

Currywurst mit Pommes oder Brot isst sie im Boulevard - Cafe gegenüber.

Das Klavier ist gestimmt (dabei sieht sie mich an), im Chor bei Mamas und Papas singt sie in der 2. Reihe. Beim Grillen mit Freunden bringt sie griechischen Nudelsalat mit. Der Laptop steht auf dem Küchentisch neben dem Basilikum,

am Kühlschrank hängt eine kleine rote Telefonzelle neben einer roten Blume.

Beim Lesen hört sie das Telefon nicht, auf dem Schreibtisch muss man lange suchen, falls man etwas sucht....

Auf dem Handy ist eine SMS ihrer Tochter, morgen kauft sie sich eine Fahrkarte nach Berlin.

Die Hecke müsste geschnitten werden!"

Ziehen sich Gegensätze an? Rainer und Ulla? Der „schräge Aussteiger" – und die „Normale"? Bei Rainer musste das Publikum geistig wandlungsfähig sein. Zunächst ungläubig, weil, was man ihm bot, nicht der irdenen Realität zu entsprechen schien, dann - mit Hand vor dem Mund - fassungslos oder entsetzt, weil die Geschichte Wirklichkeit undenkbar wirkte und letztlich überfordert sich dem eigenen Humor übergebend. Rainer hatte seine Lacher und Lajos hatte auch hier recht, allerdings in einem anderen Sinn als bei Renates Hänschen klein. Hier traf den Zuschauer spektakulär Unerwartetes. Ulla hätte mit ihrem Text des „ruhigen Flusses" zu keinem anderen Zeitpunkt als nach Rainer auftreten können. Beide in rot, Rainer mit Overall und Ulla mit Jacke. Denn nun verkehrte sich die Dramaturgie: Unspektakulär trifft auf Spektakulär. Um die Wirkung der beiden Texte besser darzustellen, werden auch die Regieanweisungen eingerückt.

Rainer

„Bin kein richtiger Musiker. Bin ein verhinderter Musiker der schlimmsten Sorte: ein frustrierter deutscher weißer Möchtegern-Jazzer. Tauge nur zum Groupie, dem es immer gelingt, sich backstage rein zu schmuggeln. Bin nach 4 Semestern Journalismus-Studium in die USA geflüchtet."

Ulla tritt von hinten auf. Geht nach links mittig vorn und hört Rainer zu.

Bin dann mit ner Nichte der großen Mahalia Jackson (49 Kilo. Opernsängerin in Ausbildung) nach KEY WEST geflüchtet, Kanadier kennengelernt, echtes

Freundschaftsgefühl. Wir legten uns dann in meinen VW-Bus und hörten von super klingenden Boxen (hatte schon immer ein Faible für gute Boxen, meine waren immer

größer als der Motor) hörten also ohne ein Wort zu sagen und ohne jegliche Drogen die komplette 9. Symphonie des göttlichen LUDWIG Van BEETHOVEN zusammen. Uhrwerk Orange war schon immer mein Lieblingsfilm. Dabei hatte ich 2 Mal einen Orgasmus, einen im 2. und einmal im 4. Satz, OHNE eine Erektion gehabt zu haben. Sowas hab ich seitdem nie wieder gehabt. Ich war dann auch mal 3 Monate bisexuell. In New Orleans, Louisiana angekommen. Nach 4 Stunden Stadtbummel war mir SONNENKLAR: hier bleibste erst mal ein Jahr. Ich fühlte: da gehörste hin, hatte zum ersten Mal außer im Pfälzerwald solche tiefen Heimatgefühle. Die ganze Stadt atmet Kultur, wie Mannheim. Nur anders. ich meine, wo gibt es eine Straßenbahn zur Endstation Sehnsucht, a streetcar named desire. House of the rising sun. Aus dem Jahr sind dann zwei geworden, habe mich Eis verkaufend uptown aus nem VW-Bus über Wasser gehalten, dann als illegaler Ausländer ohne Papier. Das war mein erster Auswanderungsversuch. Habe mein ganzes Erbe, ¼ Million auf den Kopf gehauen - das fehlt mir jetzt. Dann wieder vom Mississippi-Delta

ins Rhein-Neckar-Delta. Wallfahrt mit 1000 anderen zusammen ins Capitol Kino.

Das Mannheimer Publikum ist echt eine Show für sich : gibt's ein halbstündiges meditatives piano solo, kann man trotz Gedränge im Publikum eine Stecknadel fallen hören. Ein Saxer von James Brown hat mir glaubhaft versichert, im call and response

singen bleibt MA um Längen ungeschlagen in ganz Deutschland oder können sie sich eine Band vorstellen mit dem Namen Söhne Recklinghausens? Oder

Söhne Paderborns ? oder Söhne Karlsruhes?"

ICH *(betont mit Blick auf Rainer)* habe seit 20 Jahren dieselbe Wohnung,

ich habe seit 15 Jahren dasselbe Auto,

ich habe seit 18 Jahren denselben Arbeitgeber,

ich habe seit 10 Jahren dasselbe Gehalt.

Aber das macht nichts, es ist in Ordnung.

Ich war niemals hoch verschuldet,

ich war niemals in New York,

ich war nie betrogene Ehefrau,

ich war noch nicht mal Scheidungskind.

Aber das macht nichts, damit kann ich leben.

Ich muss 8 Stunden schlafen,

ich muss 3 x täglich essen,

ich muss heiß duschen,

ich muss Preise vergleichen

Aber das macht nichts, so geht es vielen.

Ich werde kein Pferd stehlen,

ich werde kein Haus bauen,

ich werde kein Boot besitzen.

Aber das macht nichts, ich habe Fantasie.

Ich führe ein ganz normales Leben, ich muss ja nicht mal meinen Nachnamen

buchstabieren.

Ich fahre seit Jahrzehnten morgens mit der OEG am Neckar entlang und

abends wieder zurück. **Das Leben ist ein langer ruhiger Fluss.**

Es ist nicht viel passiert. Doch lassen Sie mich zwei Ereignisse erwähnen.

Erstens: Ich wurde als Miss Moneypenny in „Wetten Dass" von James Bond

geküsst ...." (*Melanie unterbricht sie.*)

Der lange ruhige Fluss, den Ulla 20 Jahre ihres Lebens erfahren hatte und für weitere Jahre als gegeben ansah, erfuhr ein bedrückendes Ende. Knapp ein Jahr nach der Premiere von SoulCity, am 26.09.2013 wurde bei ihrer Mutter ein Hirn-Tumor diagnostiziert. Ulla sah es als ihre Aufgabe an, ihre Mutter zu pflegen und blieb bis zu ihrem Tod im Juni 2014 an ihrer Seite. Und dann, ohne Ankündigung, fiel ihr Vater, der bis dahin aktiv am Leben teilnahm, alle Reparaturen im Haus erledigt, in ein psychisches Loch. Nun musste er versorgt werden. Ulla gab ihren Beruf auf, um sich um ihren Vater zu kümmern.

Bei Rainers zweitem Text stehen Irabelle und Andy auf der Bühne. Als Rainer zu ihnen kommt, mustern sie ihn beide *sehr genau,* sehen sich kurz an und gehen nach hinten weg. Ein Text, der für sich und Rainer spricht.

„Habe zur Zeit nen verdammt harten Job : bin Dozent für Biomechanik an einer

Bachelor Academie für PHYSIO-Therapie und den halben Tag umgeben von sexy und trainierten 20 jährigen Lolitas die beim üben in La perla Unterwäsche

auf dem Bauch liegen. Wirklich hart, geht an meine Belastungsgrenze, vor allem wenn man frisch geschieden ist.

Nangadef ?? naka suwwa si ? Nangendef , Mandingou ?? usw. das Ganze

heißt Guten Abend, was machen die Kinder, wie geht's dem Körper? Bin nämlich mit 35 nach Gambia – wollte schon immer in nem Land leben, wo alle Frauen aussehen wie die junge Whitney Houston. Ich war nämlich völlig heiratswütig und wollte mir unbedingt eine schöne schwarze Tänzerin angeln!!!! Nach drei Probeverlobungen ist dies mir dann auch gelungen. Gambia ist ein Matriarchat. Nach 10 Jahren also wieder geschieden!!! Da dachte ich. Gehste mal heim nach MA. Bin Ende der Achtziger zusammen mit ein paar Freunden von der Mardi Gras Brass Band vom verlogenen romantischen HD, wo praktisch jeder 10 Jahre Psychoanalyse macht, 5 mal die Woche, ins ehrliche, brutale MA umgezogen, damals die Mordhauptstadt von allen Großstädten in Deutschland. In HD wird viel übers Bumsen theoretisiert, in MA eher herzhaft praktiziert.

Er singt den PEACHUM SONG:

Der Mensch lebt durch den Kopf

der Kopf reicht ihm nicht aus

versuch es nur; von deinem Kopf

lebt höchstens eine Laus.

Denn für dieses Leben

ist der Mensch nicht schlau genug

niemals merkt er eben

allen Lug und Trug.

Vielleicht langt's ja noch mal zu einem Jahr Feiern in New Orleans und dann von

der Mississippi-Brücke springen, wenn's Geld alle ist.

Wenn's am schönsten ist, soll man aufhören!"

Ullas zweiter Text handelt von der Flugzeugkatastrophe in Rammstein 1988 sie war Augenzeugin. Anja, die zu diesem Zeitpunkt im Mannheimer Uni-Klinikum wegen eines schweren Unfalls lag, erfuhr von diesem Ereignis, da viele Opfer eingeliefert wurden.

Anja

Anja Am 24.08.1988 bin ich mit einem Kumpel mit dem Fahrrad den Weißenstein hochgefahren. Auf dem Rückweg über die alte Bergstraße, zwischen Heidelberg und

Weinheim kommt es zu folgender Ampelsituation: ein Autofahrer will links

abbiegen, wir fahren geradeaus weiter.

ULLA Wir haben uns sehr auf das deutsch-amerikanische Volksfest gefreut. Am

Morgen des 28.08.1988 sind wir mit dem Auto in die Pfalz gefahren. Auch der Hund ist dabei gewesen. Es ist sehr heiß gewesen. Auf der riesigen Wiese entlang der Start- und Landebahn haben wir in der Nähe des Geschehens gut einen Parkplatz gefunden. Alles ist sehr sauber gewesen, das ist mir aufgefallen. Die Amis eben. Überall haben Steaks, Würstchen, Hamburger und Eis verlockt.

ANJA Der Autofahrer nimmt uns die Vorfahrt, mein Kumpel kann noch ausweichen,

ich nicht. Ich stoße mit dem Auto zusammen, werde ins Wageninnere geschleudert, innen werde ich gedreht und falle wie von einer unsichtbaren Hand geführt auf den Beifahrersitz. Ich höre jemanden rufen, Anhalten, anhalten! Schlage Hände vors Gesicht, diese sind rot vom Blut, Glas im Mund, musst du ausspucken, mein rechtes Auge, oh, aber macht nichts, es gibt ja Glasaugen, schaue, bevor das Blut schießt noch den Autofahrer an. Dieser fragt: „Fräulein, was machen sie auf meinem Beifahrersitz."

ULLA Wir haben Militärmaschinen am Boden und in der Luft bestaunt. Dann der

Höhepunkt. Um 15.40 Uhr der Auftritt der Frecce Tricolori. Nach

atemberaubenden vier Minuten hat alles komisch ausgesehen. Einer von uns hat

gerufen: Oh Gott, das geht nicht gut, weg hier! Dann ein dumpfer PLOPP am

Himmel.

ANJA Ich wurde ins Mannheimer Uni-Klinikum gebracht. Anamnese: Riss in der Schädeldecke, Schädel-Hirn-Trauma, multiple Schnittverletzungen, HWS-Trauma, Stauchung der Wirbelsäule, Gelenke überdehnt, Kreuzbänder angerissen, Knorpelschäden in Ellbogen, Knie, Schultergelenken, Folgeschäden.

Am 28.08.88 kamen laufend die Rammsteinopfer über Helikopter auch ins

Klinikum Mannheim, in dem ich lag. Der Punkt ist, dass ich solches Mitleid mit

diesen Menschen hatte, sodass es mein eigenes Leid relativierte.

(Anja summt Ramstein unter dem Text von Ulla.)

ULLA Ob ich es auch live gesehen habe, oder ob ich die Bilder nur in Erinnerung

habe, weil ich sie tausende Male im Fernsehen gesehen habe, weiß ich nicht mehr. Wir sind gerannt und haben Schutz gesucht unter ein paar dünnen Bäumen. Im Nachhinein betrachtet, hätten wir auch dort keine Chance gehabt."

Ulla singt das von ihr geschriebene „Ramstein" – Lied. (Komponiert 20 Jahre nach der Katastrophe).

„Der Sommer trug ein buntes Kleid,
wir wollten doch nur feiern.
Dann plötzlich kam die Ewigkeit
mit ihren schwarzen Schleiern.
Am Himmel war kein Abendrot,
doch er trug rote Farben.
Den einen brachte er den Tod
Den anderen blieben Narben."

Irabelle war anlässlich der Premiere mit ihrer Aussage „Was wir brauchen ist Liebe, aufrichtige Liebe…. Was wir brauchen ist eine gut gepflegte, lebendige Seele." Auf dem richtigen Weg, Sie spricht aus, was alle Menschen suchen und vielleicht nie finden: Angenommen - Sein, Anerkennung und Liebe! Ihr zweiter Text zeigt, wie verworren und undurchsichtig unsere Wege sein können und wie Zweifel an uns selbst und dem uns Umgreifenden an unserer Seele nagen.

„Ich werde 1977 in Berlin geboren. Vater: Berliner Philharmoniker, Mutter: Dozentin an der HDK/ Berlin. Ich bin Einzelkind. Das absolute Wunschkind. Entsprechend werde ich von allen Seiten gehegt und gepflegt: Mutter, Vater, die Großmutter väterlicherseits aus Siebenbürgen, sowie die Großmutter mütterlicherseits aus Bulgarien. Alle umsorgen sie mich bis aufs Kleinste und sind stets um mich herum. Werde bereits sehr früh mit musikalischen Eindrücken gefüttert. Bin eigentlich ein glückliches, zufriedenes, ja sogar musikalisches Kind, wobei das absolute Gehör für sich spricht, ebenso wie die Tatsache, mit minimalstem Aufwand einen Platz bei „Jugend musiziert" belegt zu haben. Daheim habe ich immer die „große Klappe" während ich im Schulalltag ein recht zurückhaltendes Naturell lebe. „Irabelle ist eine stille, empfindsame Schülerin, die ihren Mitschülern gegenüber äußerst geduldig und hilfsbereit begegnet. Im Sport sollte sie ihre Ängstlichkeit abbauen." Leider sind wir aufgrund eines Arbeitsplatzwechsels meines Vaters gezwungen - er will die Professur in Köln unbedingt antreten - umzuziehen. Nein halt: es ist Refrath bei Bensberg bei Bergisch Gladbach bei Köln. Für mich ist es die Hölle. Werde seitens meiner Grundschullehrerin gehänselt aufgrund der Tatsache, dass mein Vater Musiker ist. Später im Gymnasium wird es besser. Neue Freunde, die ersten Gefühle, die ersten Haartönungen, Kajalstifte, der erste Freund (mit 13 Jahren), die erste Zigarette (leider auch mit 13). Irgendwie genieße ich die Zeit. Der erste Kuss,

der erste Rausch, die erste Fahrt auf dem Rücksitz eines Mofas, sowie auch die Nächte, die ich bei irgendwelchen Schulkameradinnen verbringe. Nicht zu vergessen: die sonntäglichen Diskobesuche. Werde nie vergessen, wie wir zu Lenny Kravitz „It ain't over, til it's over" mitgrölten. Bin bekannt als „Clown", als „Verrückte/ Ausgeflippte". Bin aber gleichzeitig immer der Meinung, ich sei alleine und hätte keine Freunde. Beginne mich irgendwie leer zu fühlen. Einerseits dieses Lebenslustige / Verrückte, Lebhafte und andererseits diese innere Leere, die Komplexe und all das. Denke heute, dass es bereits damals diese manisch depressive Erkrankung war, die sich manifestierte."

Der am meisten von unserem Regisseur Beanspruchte und „Gepeinigte" war zweifellos Hans. Zu einem kurzen Dialog mit Melanie sollte er purzelnd in die Bühne fallen und seinen ersten Satz sprechen. Es sollte „lustig" sein, aber wir sahen darin keine besondere Komik. Hans schien die Clown-Rolle zugewiesen. Als er sich an einigen Stellen seine Knochen prellte, wurde er erlöst. Ihn traf wie Melanie drei Tage vor der Premiere, ich berichtete bereits, dass wir an jenem Tag noch eine Länge von zwei Stunden hatten, die „Striche" in besonderem Maß. Sein Text wurde fast um die Hälfte gekürzt.

Bei seinem Auftritt „Plattenauflegen" sollten Rainer, Kosi und ich ihn in ärgste Verlegenheit bringen. Mir fiel die Aufgabe zu, pantomimisch einen Plattenspieler zu betätigen, für wenige Sekunden undefinierbare Laute von mir zu geben, die Hans dann einem Musiktitel hätte zuordnen sollen. Zum einen gelang mir dies nicht so, wie ich es mir vorstellte, zum anderen bestand die Gefahr, dass Hans lächerlich gemacht wurde. Wir probten dies mehrfach auch an Nachmittagen, doch letztlich hat es Lajos herausgenommen. Rainer und ich sangen normale Texte und Hans war gerettet. Und am Schluss dieser Szene kam Kosi mit seinen unverwechselbaren „Nie sollst du mich befragen..." und den „Bierflaschen".

(Hans tritt klatschend auf.)

„Habe am Montag die betriebsbedingte Kündigung bekommen.

(Hans hört auf zu klatschen.)

War am Dienstag dann gleich beim Arbeitsamt. Die Meldefrist nach der Kündigung beträgt drei Tage. Zunächst muss man sich anmelden. Dann kommt man in einen großen Raum und muss ein Formular ausfüllen. Hatte natürlich nicht alle Daten für das Formular im Kopf. Nach ca. einer Stunde wurde ich aufgerufen. Die Daten wurden im Computer erfasst. Dann bekam ich einen Berg Papier, dann einen Termin zum endgültigen arbeitslos melden. Anschließend schickt die Sachbearbeiterin die demnächst arbeitslosen in Zimmer 8. Dort bekommt man einen Fragebogen mit 102 Fragen, der von einem Psychologen ausgewertet wird. Währenddessen werde ich von einem Headhunter angerufen. Bin also nicht chancenlos auf dem Arbeitsmarkt. Ich bin 52 Jahre alt und wünsche mir „Don't give up" von Peter Gabriel und Kate Bush, das Arbeitslosenlied!"

Hans hatte während der Vorstellungen mehrere Termine mit potentiellen Arbeitgebern und konnte zum Ende von SoulCity verkünden, dass er recht bald wieder einen Arbeitsplatz als Buchhalter einnimmt..

Der Text zum „Plattenauflegen".

(Rainer steht links von Hans, Kosi rechts)

Ich bin passionierter Schallplattensammler. Ich besitze eine Sammlung, von annähernd: 700 LPs, 1800 Singles, 500 Audiocassetten und 2000 CDs.

Ich war in meinen Leben auf über 500 Rock- und Popkonzerten. Ich habe folgende Künstler persönlich kennen gelernt: Udo Lindenberg, Udo Jürgens, Chris de Burgh, Silly, Depeche Mode, Jule Neigel Band, José Carreras und mein beeindruckendstes Erlebnis war die Begegnung mit Plácido Domingo.

(Roland tritt von hinten „breitbeinig" und provozierend im Elvis-Kostüm auf. Positionen: ROLAND – HANS – RAINER auf gleicher Höhe.)

„Von folgenden Bands habe ich Bootlegs, Raritäten und Fehlpressungen: Deep Purple, Peter Gabriel, Genesis, Phil Collins, Kate Bush, Tori Amos, Queen, Marillion, Gary Moore, Police, Spliff, BAP."

Hans blickt irritiert kurz zu Roland.

Wolf Maahn, Ulla Meinecke, Pe Werner, Jule Neigel Band etc. Früher haben meine Freunde mit mir immer „Plattenraten" gespielt. Sie haben eine Platte aus meiner Sammlung zwei Sekunden angespielt und ich habe das Lied erkannt.

(Roland singt etwas.)

„Das war von Frank Sinatra".

(Rainer singt etwas.)

Schade, kenn ich nicht, die Nummer, aber klingt ganz schön."

„Einmal haben meine Freunde eine brandneue Platte gekauft und aufgelegt und wollten mal sehen, was ich sagen werde. Sie spielten eine Sekunde an. Ich sagte, es sei keine meiner Platten aber mit allergrößter Wahrscheinlichkeit die neue AC/DC. Und: **Es war die neue AC/DC!**"

Als wir die Texte zu SoulCity schrieben, hatten sich Nachrichten über die „Odenwald-Schule" und die Vergehen der klerikalen Kreise an ihren Zöglingen noch nicht in der Presse manifestiert. Anja, die ja auch Lehrerin ist, und beruflich sich des Themas vor der Zeit annahm, überzeugte mit ihrem Text zum Missbrauch.

Darüber hinaus war Anja für SoulCity eine wichtige Stütze. Mit ihrem Klavierspiel unterstützte sie gekonnt Andy bei Proud Mary, den Chor bei „Venus" und Renate H. bei ihrem Lied „Für mich soll's rote Rosen regen". Zudem kann ich ihr das Attribut ‚höchst professionell' attestieren. Sie lebte den Künstlerspruch „The show must go on", denn als ihr Vater starb, stand sie abends auf der Bühne. Danke, Anja.

„Krimis, z.B. im Tatort, die nehmen das Thema Missbrauch und machen den Zuschauer zum Voyeur der Gewalttat, z.B. so Trigger, die Puppe auf dem Boden, die Frau wird verfolgt, stürzt, Froschperspektive, die Frau schreit, Blende, alles aus der Täterperspektive. Und ich bin sofort die Betroffene, muss sofort wegschalten. Also wenn du es nicht mehr schaffst, umzuschalten, wirst du von deiner eigenen Erlebniswelt überflutet, alles ist wieder da, das namenlose, sprachlose Entsetzen, das Kopfkino geht los, du fühlst dich nicht mehr, beschmutzt, du bist ausgelöscht, man existiert nicht mehr, eine Schock - Starre.

‚Ach, das bildest du dir alles nur ein. Das meint der nicht so.'

Wenn man nicht gelernt hat, einen Stopp zu setzen, dann sind der nächste Tag und der übernächste Tag gelaufen. Eine Stopp-Übung geht so: der sichere Ort. Man imaginiert einen Wohl-Fühl -Ort, ohne Menschen mit einer unsichtbaren Grenze drum herum, durch die niemand kommt. Gott sei Dank hatte ich die ersten 8 Jahre schützende Großmütter. Die Flashbacks kommen erst viel später, wenn man gefestigt genug ist, stark genug ist, es auszuhalten. Das Thema bleibt tabu. Es sind immer die Opfer, die sich schämen. Man kann seine Erinnerungen, seine Tagebücher in ein Archiv in Köln geben, damit die Täter später keinen Zugriff drauf haben."

Nun bleibt nur noch eine Mitspielerin, die ich bewusst an das Ende dieses Kapitels gesetzt habe. **MIRI.**

Sie hatte in SoulCity eine Hauptrolle, auch wenn es dies nach dem Entwurf des Stückes nicht hätte geben sollen, und auch wenn Miri dies sicher nicht so sah.

Dennoch: Sie war verantwortlich für Prolog und Epilog, die am Anfang und am Ende abgedruckt sind. Sie hat „Merci, Merci" alleine gesungen und zusammen mit Özlem unserem Stück mit dem Lied „Under pressure" einen, das fühle ich heute immer noch so, einen ergreifenden, tief in der Seele wirkenden Schlusspunkt gesetzt.

Ihr Text, in dem sie einen Einblick in ihr Berufsleben gab, bescherte ihr in jeder Vorstellung größte Aufmerksamkeit.

„Auch wenn ich nicht so aussehe, ich bin Bewährungshelferin. Nein, ich habe keine Angst. Ja, ich bin alleine mit denen in meinem Büro. Ja, auch Mörder. Es gibt wenige Frauen, aber es gibt sie - meist Betrügerinnen, aber wer mit einer ungedeckten EC Karte zahlt, begeht schon Betrug. Gefährlich? Nein, gefährlich ist es nicht wirklich. Es ist gefährlicher draußen auf der Straße als in meinem Büro. Bewährung heißt ja in Freiheit sein und nicht im Gefängnis. Die Leute könnten auch hier im Saal sitzen, neben ihnen, vor ihnen, vielleicht sind Sie es ja selbst. Es gibt zwei Arten von Bewährung, einmal die „unbeschriebenen Blätter", denen man eine sogenannte „günstige Sozialprognose" gibt und die gar nicht erst in Haft müssen. Dann gibt es für alle Menschen die in Haft sind das Recht auf eine Anhörung nach 2/3 der Haftzeit. Wenn der Richter und die Justizvollzugsanstalt zum Schluss kommt, dass er sich „gut geführt hat", darf der Straffällige schon früher aus dem Knast und bekommt den Rest der Strafe mit Auflagen und Weisungen als Bewährung. Wir betreuen vom Schwarzfahrer bis zum Mörder alles. Auch die Altersstruktur ist gemischt, vom 14jährigen Brandstifter bis zu 83jährigen Oma, die ihre Schwiegertochter umbringen wollte. Wichtig ist zu bedenken, dass ich nur einen ganz kleinen Teil der Straffälligen treue: die Menschen, die auch Unterstützung in der Lebensführung benötigen. Der größte Teil der Straffälligen auf Bewährung hat keinen Bewährungshelfer. Wenn man mich fragt: Wo ist es denn am gefährlichsten in Mannheim, kann man das nicht so klar sagen. In manchen Stadtteilen ist es einfach nur offensichtlicher, aber nicht unbedingt gefährlicher. Trotzdem würde ich keiner Frau empfehlen nachts auf der Lupinenstraße spazieren zu gehen – außer sie arbeitet dort. Sie dürfen aber nicht glauben, dass Sexualstraftäter ausschließlich in der unteren Bevölkerungsschicht zu suchen sind...das kann der arbeitslose Alkoholiker genauso wie der hochdotierte Professor, der neue Freund der Mutter...und manchmal auch die Mütter selbst.

Ich betreue rund 60 Klienten und ich mag sie fast alle. Da gibt es ja verschiedene Tätergruppen – und ich pauschalisiere nun ein wenig, man mag mir dies verzeihen. Meine Lieblingsklienten sind die Gewalttäter. Vor allem hier in Mannheim, die sind hart aber herzlich. „Ich hab kein Bock auf des Gebabbel hier"...Ich: „hmm, das ist aber schade, ich kann nur babbeln, das ist mein Beruf und sie müssen hierher kommen oder sonst in den Knast gehen."

„Nuja, wenigstens sehn sie gut aus". Sie sind ehrlich, das mag ich. Betrüger sind schwierig. Sehr schleimig: „ach, das Büro ist ja so schön eingerichtet. Zu Ihnen komme ich ja so gerne..." Das sind die Menschen. die Ihnen auf Kaffeefahrten gerne mal einen kostenlosen Fernseher versprechen. Sexualstraftäter sind immer sehr pünktlich und zuverlässig – und eine Tätergruppe, die sich am meisten mit der Tat auseinandersetzt. Gott sei Dank bin ich nicht die verurteilende Instanz, meine Aufgabe ist es, den Menschen zu sehen. Der Mensch ist nicht nur eine Tat. Die Tat ist ein Teil von ihm. Aber jede Tat hat eine Geschichte. Es gab ein Leben vor der Tat und es wird ein Leben nach der Tat geben. Wenn Leute ohne Beistand aus der Haft in die Gesellschaft „gespuckt" werden, wird ihr Leben eher selten besser und straffrei werden. Es geht nicht um Mitleid, wir arbeiten die Tat auf und versuchen zu helfen, dass die Menschen ohne Kriminalität weiter leben können. Damit ist uns allen ja geholfen."

Nichts als Vorstellungen

SOULCITY war, ich verlasse den Pfad der Bescheidenheit, ein Erfolg: Für das Ensemble, für Regie, Dramaturgie, Bühnenbild, Technik, für die Bürgerbühne und für das Nationaltheater Mannheim.

1953 Zuschauer haben uns in 19 Vorstellungen im Studio Werkhaus besucht, wir traten am 23.09.2012 beim Theaterfest auf der Probebühne B auf, nahmen bei der Einweihung der neuen Räumlichkeiten der Bürgerbühne am 30.09.2012 teil und durften beim Neujahrsempfang am 06.01.2013 im Rosengarten, Bruno-Schmitz-Saal, mitwirken.

Hierüber möchte ich schreiben. Über die Vorstellungen und alles, was sich sonst noch in unseren Vorstellungen abgespielt und in der realen Welt ereignet hat. Seit mehreren Wochen suche ich einen Zugang. Wo fängt man an? Ich versuche es mit einem Tagebucheintrag vom 29.09.2012. „Die Premierenfeier war mir zu laut, Karaoke! Der einsame Wolf braucht das nicht. Um 23:00 Uhr beim Thai zum Essen. Die Premiere war super. 10 Vorhänge." So sagt man beim Theater. Wenn der Applaus nicht enden will und die Schauspieler zehnmal auf die Bühne hinausgehen und sich verbeugen. Wenn ich von 10 Vorhängen spreche, ist das nicht ganz richtig. Im Studio gibt es keinen Vorhang. „Das Publikum hat mit den Füßen gestampft. Mein Elvis war gut. Bei I can't stop lovin' you haben alle mitgesungen. So muss das sein!"

Damit es uns allen nicht zu wohl wurde, haben Lajos und Steffi uns davor gewarnt, dass die zweite Vorstellung stets, das sei so beim Theater, immer hinter der Premiere qualitativ zurückbliebe. In unserer Premiere waren sehr viele Freunde, Verwandte, Bekannte, Schauspielerinnen und Schauspieler, Dramaturgen und Mitarbeiter des Nationaltheaters anwesend. Jedem von uns wurden zwei Freikarten angeboten. Von manchen weiß ich, dass sie darüberhinaus weitere Karten erworben hatten. Der Erfolg war uns am ersten Abend sicher. Steffis und Lajos Warnungen in Anbetracht des erweiterten Familientreffens nachvollziehbar.

Die zweite Vorstellung war auf den 30.09.2012 festgelegt. Bereits am Nachmittag durften wir neben den weiteren Programmpunkten, SPEEDDATING, CLUB DER TOTEN

DICHTER, MIT DEM KÖRPER SPRECHEN, CLUB DER SUCHE NACH DER VERLOREN ZEIT in den neuen Räumen der Bürgerbühne unseren Trailer, Ausschnitt aus SOULCITY, GESCHICHTEN AUS MANNHEIM, darbieten. Im Anschluss habe ich mich im Luisenpark unter einem schattigen Baum ausgeruht und auf die abendliche Vorstellung vorbereitet. Und ganz im Gegensatz zu den Warnungen lief die zweite Vorstellung gut. Niemand hatte einen Hänger. Der Besuch mit gerade 95 Besuchern enttäuschte uns etwas. Sollte das jetzt immer weniger werden? Auch die Zusammensetzung des Publikums hatte sich geändert. Ein paar wenige uns freundschaftlich Verbundene waren nach wie vor anwesend, ansonsten aber Besucher, die das Stück wie jedes andere sehen wollten. Auch die Reaktionen waren andere. In Passagen, in denen in der Premiere gelacht wurde, war Schweigen angesagt und an anderen Stellen, z.B. bei Rainers Text – mit dem VW-Bus in New Orleans – gab es Szenenapplaus. Bei meinem Elvis haben viele auch bei Let me be your Teddybaer mitgesungen. Ursprünglich hatte ich für den Schluss noch Blue suede shoes, einen Rock'n Roll, vorgesehen. Ich habe diesen nie gespielt, auch nicht bei der Derniere. Warum? Mir fällt ein Bericht über Grigory Sokolov ein. In einem Konzert in Hamburg spielte er aus der 10. Klaviersonate von Beethoven als letztes Stück **Largo et mesto**. Er wurde gefragt, warum er keine Zugabe spiele. Er meinte: Nach so einen Stück ist alles gesagt. Es gibt nichts mehr, was hinzugefügt werden kann. Ohne diesen Hintergrund, den Bericht las ich im Frühjahr 2014, hatte ich bei SOULCITY auch das Gefühl, das jedes weitere Lied das bis dahin erreichte Eins-Sein mit dem Publikum nicht erhöhen, sondern nur zerstören könne.

Mein Theaterurlaub endete und ich durfte den beruflichen Alltag, meine ‚bürgerliche Welt' am 01.10.2012 in Angriff nehmen. Am gleichen Abend schrieb ich in mein Tagebuch: „Ist es normal, dass ich alle Mitspielerinnen und Mitspieler und die Theater-Crew vermisse? Wir haben eine tolle Gemeinschaft geschaffen, mit Toleranz und gegenseitiger Achtung. Bin verblüfft über mich. Soll ich alle eine ganze Woche nicht sehen dürfen? Verrückt. Jede Einzelne, jeder Einzelne ist mir nah, ein Teil von mir, ein Teil des Ganzen. Ein Grund zu leben. Leben, sonst nichts."

In der ersten Oktoberwoche erschien in DIE DEUTSCHE BÜHNE folgender Artikel:

Immer schön frei von der Leber weg

„Das Nationaltheater sucht nicht den Superstar, es sucht den prototypischen Mannheimer: einen wie Du und ich, der Lust und Laune hat, beim Mitmachtheater der neu gegründeten Bürgerbühne ins Rampenlicht zu treten. Endgültig vorbei die Zeiten, da das Publikum brav auf den Sitzreihen ausharrte, um die Kunst über sich ergehen zu lassen. Partizipation heißt das Gebot der Stunde. Nachdem die Gruppe Rimini Protokoll schon vor Jahr und Tag „Experten des Alltags" auf die Bretter holte (u.a. beim überregional gefeierten Mannheim „Wallenstein"), wird die Identifikation mit der darstellenden Kunst noch ein Stückchen weitergetrieben.

Drei Bürgerbühnenprojekte planen das Schauspiel sowie das Kinder- und Jugendtheater Schnawwl in dieser Saison. Zum Auftakt stand die Uraufführung „SoulCity" unter der Regie von Lajos Talamonti auf dem Leporello. Der umtriebige Theatermann arbeitet an „den Übergängen von urbaner Wirklichkeit und fiktionalen Situationen im städtischen

Raum", wie das Nationaltheater mitteilt. Außerdem ist er Ensemblemitglied der ziemlich erfolgreichen freien Gruppe „Nico and the Navigators". Bei SoulCity bilden die Musikvorlieben von 15 Mannheimerinnen und Mannheimern den roten Faden für eine Art Revue aus biografischen Splittern und Bekenntnissen: Jeder tritt mal nach vorne und plaudert drauf los. Seelenstriptease sozusagen.

Manche können herzerfrischend schön „monnemerisch" babbeln, andere artikulieren sich in gewählter Diktion über ihre Depressionen oder Schicksalsschläge. Extrovertierte Selbstdarsteller geben sich selbstironisch, während introvertierte Sensibelchen einmal mehr beweisen, dass stille Wasser ganz schön tief sein können. Da ist der Rockmusikfan, der freimütig erzählt, wie er bei einem Selbsterfahrungstrip nach New Orleans eine Erbschaft von einer Viertelmillion Mark durchgebracht hat; und da ist eine homosexuelle Lehrerin, die von ihrer Verpartnerung berichtet. Eine weitere Mannheimer lehrt einen das Grausen, wenn sie erzählt, wie sie bei der Flugzeugkatastrophe im pfälzischen Ramstein knapp mit dem Leben davon kam. Und eine Migrantin der zweiten Generation berichtet, wie sie sich der Liebe wegen von religiösen Traditionen der Eltern gelöst hat – und deshalb aus dem Familienkreis ausgestoßen wurde.

Es sind durch und durch existentielle Fragen, die hier verhandelt werden. Die Zuschauer erleben eine Tour de Force durch Arbeitslosenschicksale, Partnerschafts- und Familienkrisen, durch Flüchtlingsgeschichten und musikalische Passionen – immer schön frei von der Leber weg. Es treten Menschen auf, deren Herz auf dem rechten Fleck pocht. Trotz vieler Tiefpunkte haben sie sich ihre Frohnatur bewahrt.

Die Latte des Kunstanspruchs hängt dabei freilich nicht zu hoch. Hier kommt es nicht auf das Artifizielle, sondern auf das Authentische an. Kein Wunder, dass man sich als Zuschauer dabei manchmal vorkommt wie in der Straßenbahn, wenn man unfreiwillig dem Handy-Gespräch eines Sitznachbarn lauscht. Oder wie ein Kneipenbesucher, der miterlebt, wie jemand am Tresen sein seelisches Überdruckventil öffnet. Eineinhalb Stunden lang kann das vergnüglich, erschütternd oder bewegend sein, aber länger möchte man eigentlich nicht lauschen. Nicht immer will man alles wissen."

In der dritten mit 108 Zuschauern ausverkauften Vorstellung am 08.10.2012 fehlte „Kosi", er war in „Besuch der alten Dame" im Schauspiel eingesetzt. Das war nach seiner Darstellung bereits zu Beginn der Proben zu SoulCity bekannt. Da wir keine Doppelbesetzung hatten, wurden zum ersten Mal die von „Kosi" auf Band gesprochenen Texte in unseren Auftritt eingebaut. Den Tonband-Mann spielte Tarik. Und er hat das richtig gut gemacht. Allerdings war er nach der Vorstellung platt. Danke, Tarik. Vielleicht war diese Vorstellung wegen der ungewohnten Situation nicht so überragend wie zuvor. Sicher hat mancher unbewusst beim Sprechen seiner Texte an die „Kassette" denken müssen und verlor an Konzentration.

Auch die vierte Vorstellung am 18.10.2012 war ausverkauft. Wir alle konnten überzeugen. Das Publikum hat uns mit Zwischenapplaus belohnt und beflügelt. Tarik meinte nach der Vorstellung, dass sie besonders gut gewesen sei. Steffi fand meinen Elvis gut, etwas chaotisch und an manchen Stellen zu sentimental. Aus ihrer Sicht als Dramaturgin konnte ich das nachvollziehen, aber wenn die Zuschauer mitsingen und ich an ihren Reaktionen ihre große Freude sehe, dann bin ich eben Musiker, der sich um die schauspielerische Komponente wenig kümmert. Liebe Steffi, verzeih mir. Würde ich das heute auf die Bühne bringen, würde es – ich habe in den letzten Jahren viel über Theater und Dramaturgie dazugelernt – deinen Ansprüchen sicher näher gekommen. An einer anderen Stelle meinte Steffi, wir sprachen erneut über meine Performance: „Aber du machst es ja eh wie du das willst!" Ein Kompliment? Resignation? Am Ende der Vorstellung meinte sie, dass ich während der Vorstellung recht leise gesprochen hätte. Kann sein. Ich hatte heftige Zahnschmerzen.

In mein Tagebuch habe ich ein paar Tage danach eingetragen: „Ulla hat mich und meinen Kontrabass nach Hause gefahren. In ihrem Cabriolet mit geöffnetem Dach.

Und: Schlimm, wenn der Vorhang fällt, wenn das normale Licht angeht und das Publikum den Raum verlassen hat, das Theater leer und wir unsere Kleider zur Garderobe bringen, die Bühnenhandwerker die Bühne für eine andere Vorstellung leerräumen. Dann bin ich mit mir allein, dann ist es vorbei mit dem Rampenlicht, dann überkommt mich die Alltäglichkeit. Da muss man stark sein. Harald Juhnke ist daran zerbrochen, er brauchte immer eine Bühne."

Am 25.10.2012 hat uns Steffi die über den Februar 2013 hinaus geplanten Vorstellungstermine mitgeteilt. 08.03.;

23.03.; 13.04.; 28.04.; 21.05.; Ich habe recht bald mitgeteilt, dass mir die Termine passen würden. SoulCity würde dann ca. 20 Vorstellungen haben. Super!

Für die 5. Vorstellung hatte sich hoher Besuch angekündigt. Meine Präsidentin mit Ehemann, einem Rechtsanwalt aus Mannheim, meine Vize-Präsidentin und eine Richterin. Am Nachmittag habe ich deshalb nochmals intensiv meine Texte und die Musiktitel durchgearbeitet. Nichts wollte ich dem Zufall überlassen.

Auch die 5. Vorstellung am 31.10.2012 war ausverkauft. Für alle stand diese Vorstellung allerdings unter einer angespannten Traurigkeit. Anjas Vater verstarb einen Tag zuvor. Rainer und Irabelle waren etwas indisponiert Und im Anschluss hatte Steffi Absolventen der Universität in die Lobby des Werkhauses eingeladen. Einige von uns nahmen an dem Gespräch teil.

Tarik nahm Änderungen vor. Der Overhead-Projektor sollte beim Abgang von Renate S. und Kosis Auftritt auf der Bühne platziert werden.

Auf meine Bitte stellte mir das Nationaltheater einen Kontrabass zur Verfügung. Für 32 Takte Proud-Mary wollte ich meinen eigenen nicht durch die Stadt tragen müssen.

In meinem Tagebuch habe ich notiert:

„Die Vorstellung war nicht unsere beste. Dennoch durfte ich positive Kritik entgegennehmen. Meine Präsidentin meinte, ihr Mann habe vor der Vorstellung die Länge von 90 Minuten als „quälend" angesehen. Und am Ende meinte er, er hätte auch noch weitere 60 Minuten zuschauen können. Da ich ihn kenne, weiß ich das zu schätzen. Die Vorstellungen im November sind auch ausverkauft. Ob das so bleibt? Im neuen Jahr könnte es abflachen. Wir werden sehen."

Vor der 6. Vorstellung war meine Anspannung groß. Kann ich meine Texte? Obwohl ich diese mehrfach am Tag der Vorstellung aufsage, auch im Studio auf meinen Positionen, besteht immer die Möglichkeit eines Blackouts? Klappen die Musiktitel? Venus? Meine Gitarreneinleitung? Klappt mein „Elvis"? Es ist und bleibt eine Herausforderung. Obwohl das Publikum stets mitsingt und klatscht, ist es eine besondere Anstrengung, mit einem Puls von 130 am Ende.

Das Studio war bis auf den letzten Platz besetzt, es wurde eine weitere Stuhlreihe aufgestellt. Das war für uns alle ein großes Kompliment. Das Publikum war an diesem Abend super. Viermal durften wir uns verbeugen. Die Besucher standen fast alle auf. Joe, der das Einsingen übernommen hatte und im Studio bis zum Schluss anwesend war, rief uns zu: Ihr sein einfach klasse!" Wer Joe kennt, weiß, dass dieser Ausspruch einem Ritterschlag gleich kam. Auch Tarik, dem bisher immer etwas zum kritisieren einfiel, kamen ungewohnte Worte über seine Lippen: Das war eure beste Vorstellung. Wir waren alle richtig gut, auch Ulla bekam Zwischenapplaus. Ein mir gut bekannter Richter des Amtsgerichts hat die Vorstellung besucht. Sein Urteil: Absolut super, authentisch, stark, voller Kraft!

Stärke und **Kraft!** Das zeigten alle in den Vorstellungen sieben bis zehn in herausragender Intensität. Denn in der 7. und 8. fehlte Rainer. Zu Beginn der 7. Vorstellung am 20.11.2012 wusste niemand von uns oder von der Bürgerbühne, wo er sein könnte. An der Tür zum Foyer waren zwei Plastiktüten, eine für Hans und eine für mich, abgegeben worden. Ein kleiner grüner Zettel war angeheftet: „Komme nicht, Rainer." Tarik musste sich innerhalb kürzester Zeit mit dem Tonband auseinandersetzen. Er hat seine Aufgabe bestens erledigt. Trotz unserer Angespanntheit und meiner Bronchitis, ich hatte mich mit bewährten Mitteln fitgemacht, hatten wir eine wir gute und ausverkaufte Vorstellung. Auch bei der 8. Vorstellung am 25.11.2012 fehlte Rainer. Tarik durfte wieder mitspielen. Zumindest wussten wir von ihm und seinem Aufenthaltsort. Ausgerechnet an diesem Abend kamen meine Tochter und ihr Mann zu uns zu Besuch. Wie sagte Lajos: Der Zuschauer weiß nicht, dass die Kassette nicht zum Stück gehört. Der Zuschauer nicht, aber wir. Es war eine sehr gute Vorstellung mit 115 Zuschauern. Allerdings saßen in der ersten Reihe nur junge Burschen, unruhig und zappelnd, Beine breit und lang auf die Bühne gestreckt. Da dachte ich zu Beginn, das kann ja heiter werden. Einer hat sogar während des Beginns noch etwas auf seinem Handy getippt. Aber wir haben sie alle mitgenommen. Aus dem anfänglichen Desinteresse wurde aktive Aufmerksamkeit. Und beim Elvis habe ich ihnen gezeigt, was ein alter Sack aus dem nämlichen noch herausholen kann. Ein Kollege besuchte uns an diesem Abend. Ihm gefiel das Stück nicht. Was da alles erzählt würde, wäre kein Theater. Jeder könne sich auf eine Bühne stellen und aus seiner Seele plaudern. Das sähe man im Fernsehen, überall, ohne Niveau. Ich kenne ihn gut, es war nur eine Einzelmeinung. Was Theater ist und was nicht, entscheiden nicht Menschen wie er, sondern Regisseure und Dramaturgen. Auch für unsere Texte sind wir nur in zweiter Linie verantwortlich. Die Besucherzahlen gaben uns allen recht, auch wenn sich ein gewisserer Voyeurismus nicht ausschließen ließ. Keine Vorstellung war bis zu diesem Zeitpunkt schlecht besucht. Zudem hatten wir eine Einladung zum Neujahrsempfang am 06.01.2013 im Rosengarten bekommen, auch wenn ich davon ausgehe, dass Steffi und auch andere Verantwortliche der Bürgerbühne kräftig ‚getrommelt' hatten.

Adventsfeier am 06.12.2012

Alle Mitspieler und Workshop- oder Clubbesucher waren In die Lobby des Studio Werkhaus zu einer Adventsfeier eingeladen. Burkhard, Steffi, Michael (Fuchs), Ragna und David haben Texte vorgelesen und einiges gesungen. Ich weiß nicht mehr, was es im Einzelnen war, aber ich war begeistert und beeindruckt. Gelernt ist gelernt. Ein schöner Abend. Von SoulCity waren außer mir Hans und Irabelle gekommen.

Die 9. Vorstellung am 11.12.2012 forderte uns besonders. Einen Tag zuvor rief mich Steffi an und teilte mit, dass Anja krank sei und dass sie am nächsten Tag nicht auftreten und ob ich die musikalische Begleitung übernehmen könne. Natürlich habe ich ja gesagt. Mit Gitarre habe ich mir das zugetraut. Venus und Proud Mary. Aber die „Roten Rosen" von Renate H.? In der Mittagspause bin ich nach Hause und habe die Noten gesucht. Mit Tarik und Renate H. vereinbart, am Vorstellungstag um 17:00 Uhr im Studio zu proben. Mit Gitarre klingt die Begleitung befriedigend. In der kurzen Zeit kann ich das nicht am Klavier einstudieren.

In mein Tagebuch habe ich geschrieben: „In der Vorstellung spielte Tarik Anjas Texte ab. Mein Part war schwieriger. Vor Proud-Mary hatte ich an meinem Platz einen Puls von 130. Und vor Renates Auftritt ging es mir absolut bescheiden. Habe ja so etwas noch nicht gemacht, eine andere Person begleitet. Immer nur mich selbst. War den ganzen Abend sehr angespannt. Das löste sich erst Stunden nach der Vorstellung." Lajos war auch anwesend. Er war wohl zufrieden, zumindest sah es so aus. Lajos hat Claus vorgestellt, der mit uns „etwas" machen will. Er hat Jazz studiert und spielt Vibraphon. Möglicherweise soll ein Chor zusammengestellt werden. Proben sollen einmal in der Woche stattfinden. Genaueres wurde uns nicht mitgeteilt.

Was ich mir erlaube zusagen: Der Zeitpunkt uns dies mitzuteilen, dreißig Minuten vor der Vorstellung, war denkbar ungünstig. Die Vorstellung hatte schon ausreichend Krisenpotential. Noch vor der Vorstellung begannen die Diskussionen. „Was wollen die denn noch von uns?" Andy sei Dank. Sie rief uns zusammen mit ihrem unmissverständlichen „Wir sind…SOULCITY"

Auch für die 10. Vorstellung am 19.12.2012 hatte sich Anja krankgemeldet. Steffi informierte mich gegen 11:30 Uhr darüber und fragte, wie schon zuvor, ob ich die musikalische Begleitung übernehmen kann. „Kein Problem." An mir sollte es nicht liegen, dass eine Vorstellung ausfällt. Nachmittags war ich zuhause und habe insbesondere am Klavier „Für mich soll's rote Rosen geben" geübt. Renate H. war mit meiner Gitarren – Begleitung, so hörte ich, nicht zufrieden, es habe ihr zu sehr nach Walzer geklungen. Kein Kommentar. Um 17:30 Uhr haben wir uns im Studio zur Probe getroffen. Da auch Katharina wegen einer Mutter-Kind-Kur fehlte musste Tarik wieder zwei Mitspielerinnen mit dem Tonband ersetzen. Ich habe vermerkt: „Zwei Ausfälle sind nur schwer zu meistern. Das bringt Unruhe in den Ablauf. Die „Roten Rosen" liefen ganz gut. Keine Experimente, nur das Notwendigste. Renate H. konnte gut dazu singen, habe mich ihr auch besser angepasst." Tarik hat am Ende der Vorstellung mit seiner Kritik den Bogen etwas überspannt. Ulla und Andy hatten beim „Elvis" mitgesungen. Er hat sie eindringlich gebeten, das sein zu lassen. Und das, obwohl Lajos uns bei seinem letzten Besuch alle animiert hat, mit dem Stück zu spielen. Besonders hat es mich gefreut, auch wenn ich derartiges nur ungern zugebe, dass mich Steffi bei ihrer An-Moderation zur Vorstellung, in der sie auf die krankheitsbedingten Ausfälle hinwies, mit Vor- und Zunahmen nannte und sich dafür bedanke, dass ich die musikalische Begleitung übernähme. Auch Joe hat mir ein paar Tage später berichtet, er habe gehört, ich hätte Anja mit „Bravour" vertreten. Es hat mich gefreut.

Nach der Vorstellung trafen wir uns (Irabelle, Rainer, Reyhan, Oezlem, Melanie, Hans) in der Lobby des Werkhauses mit der Gruppe „Auf der Suche nach der verlorenen Zeit" zu einer Nachbesprechung. Die Meinungen über unser Stück gingen auseinander. Manche fanden es gut, dass wir unsere eigenen Texte sprechen, manche gerade nicht. Einig waren sie sich darin, dass es Mut erfordere, so offen über Lebensereignisse zu erzählen. Wir merkten an, dass wir von unseren Texten größtenteils inhaltlich entrückt seien, nicht mehr so ‚nah dran' wären, wie das zu Beginn gewesen sei.

Am 24.12.2012 habe ich an alle SoulCity-Mitspieler ein Weihnachtsgedicht per Mail verschickt.

Mein Tannenbäumchen

Von drauß' vom Walde kommt es her,
und sagte mir, 's weihnachtet sehr.
ich dacht' bei mir, so im geheimen,
der kann doch mich damit nicht meinen.
Tu mir doch diesen Glitterkram,
wie sich's gebührt, ja niemals an.
Bin stets ein aufgeklärter Geist:
Der Himmel ist schon lang verwaist.
Doch meine kleinen Tannenspitzen,
wo jetzt, ich spür's, die Englein sitzen,
berühren sanft mit lichten Kerzen
mich tief, ganz unten, fest im Herzen.
Drum komm' das Christkind zu euch allen,
ich wünsch' dass es euch stets bewacht,
mög' euch in größter Freud' gefallen
der Segen bald der heiligen Nacht.

Viele haben sich dafür bedankt. Renate S. schrieb mir einen besonderen Gruß: „Vielen Dank für deine Weihnachtsgrüße." Und sie fügte an: „Tochter und Schwiegertochter waren von euch begeistert." Renates Tochter oder Schwiegertochter spielt in Berlin Theater!

Zur 11. Vorstellung am 04.01.2013 waren **alle (!!)** anwesend und auch gut. Zu Beginn der Vorstellung haben Tarik und Steffi uns gebeten, weniger Privatgespräche während der Vorstellung zu führen und die Bühne bzw. unseren Aufenthaltsbereich hinter dem Vorhang nur zu verlassen, wenn es unbedingt sein muss. Dies störe die Konzentration und die Spannung. Am Ende der Vorstellung haben wir unseren Auftritt am 06.01.2013 im Rosengarten besprochen.

Zeitplan

13:30 Uhr	Treffen am Seiteneingang Rosengarten (gegenüber der Commerzbank)
13:35 - 14:00 Uhr	Durchsprechen, Einsingen in einem Extra-Raum
14:05 -14:15 Uhr	Durchstellen auf der Bühne, Bruno-Schmitz-Saal
14:20 – 14:35 Uhr	Auftritt

Ablauf

Alle: Trailer (Hans „Als großer Rock-Fan .. bis Irabelle „..klar denken kannst", und „So many tears"

Miri:"Ich glaube, ich werde krank" dann alle „Mercy", danach alle stehenbleiben.

Roland „Elvis" (während dessen alle langsam abgehen)

Steffi sagte, dass ich das machen würde, aber ich äußerte meine Bedenken. Ohne mein Kostüm, ohne Scheinwerfer und ohne Klavier, es würde ein E-Piano zur Verfügung gestellt laut Mitteilung des Rosengartens, schien mir ein solcher Auftritt gewagt. Allerdings war mir bewusst, dass es hierzu keine Alternative gab. Eine Aussage von Lajos kam mir in den Sinn. „Wir müssen darauf achten, dass wir alle gut ankommen. Niemand darf in ein schlechtes Licht gerückt werden." Dann wollte ich aber Profi sein, und die Aufgabe, die mir zugeteilt wird, auch professionell angehen.

Am 06.01.2012, 17:40 Uhr schrieb ich in mein Tagebuch. „Anja und Andy waren nicht anwesend. Sie werden entschuldigt gewesen sein. Ich habe nicht nachgefragt. Der Trailer lief ohne ihre Texte. Entgegen meiner Befürchtungen lief der Elvis wie im Studio ab. Die Reaktionen waren identisch. Hätte ich nicht gedacht. Die Leute vom Theater, Steffi, Tilman, verstehen was von ihrem Job. Am Abend zu viel Wein."

In der geplanten 12. Vorstellung am 15.01.2013 hatte mich Steffi bereits am 10.01. wegen des krankheitsbedingten Ausfalls von Anja gefragt, ob ich die Begleitung übernehmen würde. Sie hätte mich nicht fragen müssen. Und ich hatte mir vorgenommen, Renate H. bei ihrem Auftritt wieder mit dem Klavier zu begleiten. Es blieb ja auch noch reichlich Zeit zum Üben. Allerdings fiel die Vorstellung aus, weil auch Andy nicht auftreten konnte. Und ohne Andy, ohne das „Mannemerische Gebabbel" wäre SoulCity trotz Kassetten-Recorder ein anderes Stück und für die Zuschauer weniger attraktiv.

SoulCity-Band – 1 -

Mit dem Plan für den Auftritt im Rosengarten hat Steffi uns auch den Probenplan für das Parallel-Projekt SoulCity-Band geschickt. 14.01.; 24.01.; 31.01.2013 (Probebühne A oder B). In der Vorstellung am 11.12.2012 hatte uns ja Lajos Claus vorgestellt und für einige Verwirrung im Ensemble gesorgt. Bedauerlicherweise löste das seitens des Theaters wohlgemeinte Angebot einige irritierende Kommentare in Mail-Form aus, was letztlich zu einer Ensembleversammlung am 24.1.2013 führte. In der Einladung wurden wir gebeten, „sämtlichen Unmut, der zu herrschen scheint, von Eurer Seite aus offen zur Sprache zu bringen." Und von Theaterseite sollten grundlegende Dinge zur Bürgerbühne transparent und verständlich dargelegt werden. Letztlich ging es auch darum, wie es mit SoulCity weitergehen solle. Mir steht es nicht zu, interne Mail-Nachrichten öffentlich zu machen. Es war für einige von uns nicht vorstellbar, was der Grund für eine sog. SoulCity –Band sei. Mir schien es unmöglich eine Band zu gründen, da Anja, Kosi und ich die einzigen waren, die ein Instrument spielten. Auch ich hatte Vorbehalte, drei Abende im Monat Zeit zu investieren, die wenig Aussicht hatte, erfolgreich investiert zu sein. So sahen es auch andere. Ich entschloss mich allerdings zu den ersten Proben zugehen und dann zu entscheiden, ob ich dabei bleibe oder nicht. Andere lehnten eine Beteiligung im Voraus ab. Mein Mitmachen war auch einer Mail von Steffi geschuldet, in der sie die Beweggründe des Theaters klar zum Ausdruck brachte. Es sein ein Angebot, mit dem das Theater uns Gelegenheit geben wolle, unsere musikalischen Potentiale, die bei SoulCity nur in Ansätzen zur Geltung gekommen seien, zu entfalten. Zudem wolle man uns damit ein Training, das der Sicherung der musikalischen Qualität der Produktion diene, anbieten. Hierfür habe man einen professionellen Musiker engagiert, der uns in dem, woran wir musikalisch arbeiten möchten, unterstützt. Wem hierfür die Zeit fehle, der Weg zu weit sei oder der „professionelle Anspruch" nicht hoch genug sei etc. pp., denen sei man nicht böse, wenn sie/ er nicht mitmache. Diejenigen, die darin eine Chance sähen, davon zu profitieren und sich in diesem Vorhaben verbindlich, regelmäßig und mit Freude engagieren wollten, sollten bis zum nächsten Termin ihre Songs / Stücke / Ideen an Claus und an Steffi schicken.

Ich kannte Claus nicht. Als ich aber seinen Nachnamen erfuhr, stellte sich heraus, dass ich mit einem Schlagzeuger, der in Essen Claus Studienkollege war, in einer Darmstädter Jazzformation spielte.

Die Besprechung am 24.01.2013 verlief trotz der im Vorfeld trüben Äußerungen harmonisch. Burkhard erläuterte das auch schon von Steffi vermittelte Anliegen des Theaters. Er ergänzte, dass SoulCity sehr gut eingeschlagen habe und dass es weiter gehen solle. Burkhard schlug vor, eine weitere Pianistin einzuarbeiten. Im Hinblick auf meine „Aushilfstätigkeit" konnte ich das nur unterstützen. Ich habe auch angemerkt, dass die entstandenen Irritationen und der Unmut, wie Steffi es formulierte, hätten vermieden werden können, wenn man uns das Vorhaben des Theaters, dieses „musikalische Bonbon", vor einer Entscheidung da-

rüber vorgeschlagen hätte (Man will eben gefragt werden.).
Fazit der Besprechung: Wir lernen voneinander!

Steffi gab am Ende der Besprechung bekannt, dass das ZDF beabsichtige, am 27.01.2013 einen Betrag für Mona Lisa drehen zu wollen. Katharina und ich würden interviewt werden. Um fälschliche Interpretationen zu vermeiden: Steffi hat unser Einverständnis zuvor erfragt! Auch wiederholte sie ihre Ankündigung vom 17.01., dass Lajos am Samstag, 26.01. 11:00 bis 16:00 Uhr im Ballettsaal proben würde.

SoulCity-Band – 2 –

Zur ersten Probe am 24.01.2013 waren wir einschließlich Claus zu sechst. Ich hatte meinen Kontrabass mitgebracht und wir haben folgende Stücke angespielt: She loves you, Stand by me und I can't stop lovin' you. Wir nahmen uns vor, diese in den nächsten Proben intensiv zu üben.

Probe mit Lajos

Da die Probe mit Lajos, die entsprechend Steffis Ankündigung am 26.01.2013 im Ballettsaal stattfinden sollte und dort – so wurde berichtet - keine Heizung vorhanden ist, hatte ich kurzerhand Räumlichkeiten im Palais Bretzenheim – Hinterhaus – zur Verfügung stellen können. Es erforderte etwas Aufwand, aber im Hinblick auf die Jahreszeit und mögliche Erkältungen im Balletsaal schien mir dieser angemessen. E-Piano, Wasserflaschen und Gebäck. Die Probe verlief gut. Eine zweite Pianistin wurde, wie Burkhard in der Ensemblebesprechung vorschlug, eingearbeitet.

ZDF – eine unnötige Verwirrung

In der 12. Vorstellung am 27.01.2013 war das ZDF – Team Mona Lisa – mit allerlei Technik im Studio. Sie filmten während unseres Einsingens. Anja am Klavier, Anja und ich an Klavier und Kontrabass. Katharina. Auch bei unseren Einzelproben wurden wir aufgenommen. Katharina und ich standen für Interviews zur Verfügung. Ich durfte mehrere Wege laufen. Von der Kasse bis zur Treppe Richtung Studio. Treppenabgang und ins Studio. Und das ganze auch in anderer Richtung. Und obwohl ich nie in der Maske war, wollten sie mich genau dort interviewen. Wie kam es, dass ich bei SoulCity mitmache? Was waren die Gründe, warum ich dachte, dort mitmachen zu können? Sind meine Texte eine Art Therapie? Wäre Schauspieler der richtige Beruf für mich? Wie finde ich die Produktion? Ich habe auf alle Fragen Antworten gegeben, die ich bereits zu Beginn dieses Protokolls hinreichend ausgeführt habe. Allerdings bei der Therapiefrage sah ich mich herausgefordert, da uns der Vorwurf, wir würden SoulCity zur Eigentherapie nutzen, meines Erachtens zu oft und zu unrecht gemacht wurde. Jeder von uns hätte seine Texte entworfen, weil der jeweilige Inhalt Teil seines Lebens sei, und weil das Stück von der Seele Mannheims und seiner Bewohner handele. Was wir auf der Bühne dargeboten hätten, wäre nichts anderes als ein Spiegelbild dessen, was sich in der heutigen Gesellschaft und nicht nur in Mannheim ereignete. Oder sei es ein Fehler, sich offen über erlittene Depressionen zu äußern? Und hierdurch andere aufzufordern, gleichfalls offen mit ihren Problemen umzugehen als diese in sich zu vergraben, bis es keine Hoffnung mehr gäbe? Hinsichtlich meiner Texte **Startbahn West** und **Todesschuss** bin ich mir ob der gezeigten Reaktionen nicht sicher, ob diese intelligenten Menschen des ZDF überhaupt verstanden haben, was mein Anliegen war. Als 1974 der erste gezielte Todesschuss in Hamburg ausgeführt wurde, gab es heftige Diskussionen unter uns damaligen Polizisten, ob dies überhaupt gesetzlich zu rechtfertigen sei. Weder nach Polizeigesetz oder nach den Paragraphen der Notwehr konnte dies umfassend und klärend beantwortet werden. Jahre später fügte der Gesetzgeber in allen Polizeigesetzen der Länder den Text ein, den ich in der Vorstellung hierzu aufsagte. Der **finale Rettungsschuss** ist heute keiner Diskussion mehr würdig. Die gedankliche Veränderung im Hinblick auf den Schutz des Individuums wollte ich zum Ausdruck bringen. Es ist mir wohl nicht gelungen.

Über Filmaufnahmen und Interviews hinaus wurden Angaben zu meiner Biografie erfragt, Bilder aus meiner Polizeizeit angefordert. Meine Telefonnummer habe ich ebenfalls mitgeteilt, weil ergänzende Fragen angedacht wurden.

Als Sendetermin wurde uns die 3. Oder 4. Woche im März 2013 genannt. Ich mache es kurz: Mehrfach wurden Sendetermine genannt, letztlich wurde der Beitrag am 13.04.2013 ausgestrahlt. Nur welcher Beitrag? Sie zeigten unseren Trailer und sodann den Beitrag, den der SWR bereits in Kulturzeit gesendet hatte. Nichts von dem, was Katharina oder ich in den Interviews gesagt hatten, ebenso keine filmischen Einspielungen. Meine Contenance drohte völlig auszubleiben, als in der An- Moderation zum Beitrag von psychischen Deformationen und die Rede davon war, dass wir die Bühne zum Therapieplatz genutzt hätten. Wer mich kennt, weiß, dass ich mit der für den Beitrag Verantwortlichen umgehend telefoniert habe. Ihre Antwort: „Es tut mir für alle sehr leid. Wir haben uns für den Beitrag im Sender eingesetzt. Aber die Redaktion hat das letzte Wort. Sorry." Ich greife zeitlich etwas vor. Die 16. Vorstellung am 14.04.2013 begann mit einer Durchsprech-Probe, weil die letzte Vorstellung länger als 4 Wochen zurücklag. Steffi merkte wohl, dass ich nicht gut drauf war. Ich erinnere mich. „Roland, ist was. Möchtest du uns etwas sagen!" Dann haben wir über die Sendung gesprochen und uns ausgetauscht. Manche waren meiner Meinung, andere fanden den Beitrag gut. Mit etwas Abstand sah ich den Beitrag dann doch positiv. Dass überhaupt etwas berichtet wurde, war ein Erfolg! Steffi, danke, dass wir darüber gesprochen haben!

Zurück zur Vorstellung am 27.01.2013. Mir unterlief ein „großer Fehler". Ich war recht aufgewühlt durch die aufnahmebedingten Umstände und habe mich am Kontrabass etwas abreagieren müssen. Ich habe auch gesungen. Und das hätte ich besser bleiben lassen. Lajos war im Publikum. Er meinte, ich solle doch beim Einlass des Publikums spielen und singen, das mache sich sicher gut. Man biete Regisseuren nie etwas an. Ich durfte bis zur letzten Vorstellung den Einlass musikalisch begleiten. Es hat aber auch Spaß gemacht!

SoulCity-Band – 3 -

Die Probe am 31.01.2013 war ein Reinfall. Claus, Ulla, Melanie und ich standen vor verschlossener Tür. Hans hatte abgesagt.

Von der 13. Vorstellung am 08.02.2013 und der 14. am 18.02.2013 gäbe es nicht viel zu berichten. Wie immer waren beide ausverkauft. Sarah bediente anstelle Tarik den Kassettenrecorder für Irabelle. In der 14. Vorstellung besuchte uns eine Schul-Klasse und wir durften uns über eine besondere Rückmeldung eines Lehrers freuen.

„Sehr geehrte Frau …

Der Theaterabend brachte gestern für mich gestern einen von mir nicht so erwarteten Erfolg. Gerade in meiner Klasse war – so glaube ich – noch kein Schüler vorher im Theater. Die Unsicherheit, was man dort (so ohne Fernseher, Handy und Computer) erwarten kann, war groß. Aber alle Schüler haben es gewagt. Und sie haben gelernt, dass Theater etwas Schönes und Unterhaltendes ist. Eine Schülerin hat das sogar nach der Vorstellung geäußert. Es hat ihr sehr gut gefallen, und vorher hatte sie keine Lust auf diesen Abend.

Es hat sich gezeigt, dass Musik die Menschen doch mehr verbindet als die SchülerInnen erwartet haben. Man kennt und liebt doch das ein oder andere Lied, welches ältere oder andere Menschen lieben. („Mein Vater ist auch Elvis-Fan. " „Davon kenne ich den Remix.") Es ist unterhaltend, am Wechselbad der Gefühle teilzunehmen, wenn andere Menschen aus ihrem Leben erzählen. Sie haben gelacht, wenn die Akteure humorvolles erzählten und mitgelitten, wenn es um traurige Ereignisse ging. Ein Schüler bemerkte heute Morgen, dass ihn die Sprache der einen Schauspielerinnen (Andy) erfreut hat, die man wohl in Mannheim spricht. Er ist zwar türkischer Herkunft, aber wohnt schon immer in Heidelberg. Eigentlich müsste er dem Kurpfälzischen schon einmal begegnet sein! Da die Spender ja gestern Abend nicht anwesend waren, wäre es schön, wenn sie noch einmal unseren Dank ausrichten würden. Der Abend war sehr wertvoll für meine SchülerInnen und ich glaube, viele haben Lust bekommen, dies wieder einmal zu tun.

Vielen Dank und viele Grüße."

SoulCity-Band – 4 –

Zur Probe am 15.02.2013 kamen Claus, Renate H. Ulla, Hans und ich. Nach dem Einsingen haben wir auch „Fever" gesungen. Kontrabass und Gesang. Allerdings hätte ich der SoulCity-Band- Probe nicht bedurft. Gefühlt habe ich das Stück sicher schon 500 x gespielt.

Auch in der 15. Vorstellung am 08.03.2013 habe ich beim Einlass Kontrabass gespielt. David gab mir etwas mehr Licht. Unser Publikum, u.a. eine Studentengruppe, verhielt sich ruhig, so, als würden wir ein Konzert geben. Dennoch gab es viel Beifall und es wurde wieder kräftig mitgesungen. Nach der Vorstellung moderierte Steffie eine Nachbesprechung mit den Studentinnen und Studenten und anderen Interessierten. Meine Polizei-Texte wurden besprochen. Es hat sie interessiert. Das tat gut. Eine ältere Dame meinte, wir sollten mit dem Stück auf Tournee gehen.

SoulCity-Band – 5 –

Die Musikproben mit Claus werden eingestellt. Das Interesse war zu gering.

Die geplante 16. Vorstellung am 23.03.2013 fiel wegen Erkrankungen von Irabelle und Oezlem aus. Mit der Absage hatte Steffi eine neue Bürgerbühnen-Produktion angekündigt. „Jugendwahn, Anti-Aging, Das Alter? ….Was geschieht mit einer Gesellschaft, in der den Alten die Lust am Leben nicht vergehen will?" Ich hatte mein Interesse bekundet, obwohl mir klar war, dass neue Gesichter gesucht wurden. Und Steffis Antwort fiel entsprechend aus. Da ich mir aber ein Leben ohne Theater nicht so recht vorstellen konnte, habe ich mich bei der Statisterie des NTM gemeldet und in der Produktion „Der zerbrochene Krug" mitwirken können.

Die 16. Vorstellung fand am 14.04.2013 statt, Im Rahmen der ZFD-Sendung habe ich über diese bereits berichtet.

Die 17. Vorstellung am 28.04.2013 war für mich aus persönlichen Gründen eine besondere. Eine vielstimmige Damenriege des TSV Mannheim, angeführt von Steffi und Ingeborg und Freunde des Kirrlacher Radsportvereins besuchten SoulCity. Die Vorstellung war ausverkauft, allerdings wurden 23 Karten nicht abgeholt. Später erfuhr ich, dass sich der Bus, mit dem sie kommen wollten, verfahren hatte. Ein Fazit „meiner" Besucher: „Schon lange nichts mehr so Bewegendes gesehen. Das wirkt lange nach." Und aus dem Tagebuch: „Nach der Vorstellung bin ich mit einigen anderen von SoulCity ins Casino gegangen. Als wir eintraten haben einige geklatscht. Ein gutes Gefühl."

Einen Tag später erhielt ich einen Anruf aus Freiburg. Der Präsident des dortigen Amtsgerichts hatte MONA LISA gesehen. Er war begeistert. Anlässlich unserer morgendlichen Besprechung im Amtsgericht, erwähnte meine Präsidentin die Sendung und dass es ihr gefallen habe.

Die Vorstellung am 06.05.2013 musste 3 Stunden vor ihrem Beginn wegen Erkrankung abgesagt werden. Ich telefonierte mit Tarik, er hatte es auch erst wenige Minuten zuvor erfahren. Im Tagebuch habe ich vermerkt: „Nun werden es nur noch zwei Vorstellungen sein. So langsam stellt sich mein Inneres auf einen Abschied von SoulCity ein. Professionell zu Ende bringen. Und dann? Was kommt danach? Ein Loch? Man wird sehen."

Die vorletzte Vorstellung am 29.05.2013 war ein „Kracher". Als hätten wir noch einmal allen zeigen wollen, wie gut wir in SoulCity waren. Alle haben ihr bestes gegeben. Diese Spannkraft hat sich auf unser Publikum übertragen. Jeder erhielt Szenenapplaus und wir bekamen mehrfach Bravo-

Rufe. Ich ‚durfte' beim Einlass mehr als zehn Minuten spielen und singen. Eine Schulklasse war eingeladen. Die jungen Zuschauer ließen sich etwas mehr Zeit als üblich. An der Nachbesprechung konnte ich leider nicht teilnehmen. Kosi hatte Besuch von der Leiterin der Komparserie des SWR bekommen und er wollte mich ihr vorstellen. Sie war sehr angetan von unserer Vorstellung. Wir haben uns im Casino getroffen und sie hat angeregt, mich bei ihr zu bewerben. In einem Stuttgarter Tatort habe ich wenige Monate später einen Polizeipräsidenten mimen dürfen.

Im Casino habe ich mich auch mit einem Pfarrer aus Weinheim unterhalten. Er war begeistert und meinte, unsere vorgetragenen Texte hätten das Innere von vielen seiner „Schäfchen" widergespiegelt, er würde uns, also SoulCity, gerne in seiner Kirche auftreten lassen. Das hat mich sehr gefreut, es kam aber nie dazu. Allerdings habe ich Tage später erfahren, dass er sein Erlebnis mit uns in einer seiner danach folgenden Predigten zum Thema gemacht hatte.

Auch einen Tag nach der Vorstellung war ich, selten geschieht dies, immer noch sehr euphorisch. Da ich von einigen im Ensemble mitbekommen hatte, dass wir auch in der nächsten Spielzeit auftreten könnten, habe ich alle per Mail angeschrieben. Da sehr bald ein „Wenn es am schönsten ist, soll man aufhören" geschrieben wurde, habe ich dies nicht weiter verfolgt. Allerdings war es mir ein besonderes Anliegen, Steffi, Lajos, Tarik, Burkhard, Tilman und den vielen beim Theater zu danken, dass ich ein Jahr unter absolut professionellen Bedingungen ein kleiner Teil des NTM, wenn auch nur bei der Bürgerbühne, sein durfte.

Die Dernière, die letzte Vorstellung von SoulCity am 07.06.2013, konnte an die Klasse der Vorstellung am 29.05.2013 nicht heranreichen. Viele von uns erfüllte Wehmut, da es nun bald vorbei sein würde. Es lag aber auch daran, dass einige meinten ihre Texte – in einer letzten Vorstellung eines Stückes scheint dies im Theater wohl Sitte zu sein – aktualisieren oder mit besonderen Botschaften versehen zu müssen. So gab Hans bekannt, dass er nicht mehr arbeitslos sei, Rainer warb für eine Jazz-Veranstaltung. Ulla fügte an: Mir fallen keine besonderen Ereignisse ein wie Schule, **Bürgerbühne…..**

Mir war nicht zum Feiern zumute, aber ich wollte mich auch nicht ausschließen. Tilman, einer der wenigen, der mich auch heute neben Steffi bei jedem Treffen grüßt, öffnete nach der Vorstellung im Gang vor Garderobe und Maske eine Flasche Sekt und bedankte sich mit lieben Worten bei uns und unterstrich, wie gut und erfolgreich SoulCity gewesen sei. Burkard hatte bedauerlicherweise keine Zeit, er lud aber auf den 20.06.2013 zu einer Abschlussbesprechung ein.

Den Abschuss feierten wir im Casino. Tarik hatte alles für einen KARAOKE-Abend vorbereitet. Alle sangen ihre Lieblingslieder. Nach ein paar Bieren stieg ich mit New York und Georgia on my mind ein. Ich wollte gerade gehen, da fiel Tariks PC aus und er rief mir zu: „Kannst du was machen?" Mit Gitarre habe ich die Lücke etwas gefüllt. Als erstes sang ich Country roads. Miri's Freund musste mir den Text Zeile für Zeile zurufen, ich hatte ihn nicht mehr parat. Was ich noch zum Besten gab: My way? Good luck charm? Ich erinnere mich nur noch, dass Dascha Trautwein das Mikrofon näher an meine Gitarre rückte und auch Thorsten Danner im Publikum war. Um 0:30 Uhr bin ich mit Kleidersack und Gitarre zu Fuß nach Hause. Und am nächsten Tag schrieb ich in mein Tagebuch: „In der Nacht aufgewacht, im Traum war ich beim Einsingen im Studio. Als müsste ich sogleich wieder auftreten. Ein Jahr lang

Studio. Das schüttelt man nicht so einfach ab. Es wird wohl noch einige Zeit dauern, bis das aus dem Kopf heraus ist. Oder auch nie."

Als Erinnerung bekamen alle vom NTM ein auf Holz aufgeklebtes Bild. Und ich habe eine Ablauffahne, die an der Bühnenseite bei Vorstellungen angebracht war, als Souvenir mitgenommen.

BLACK

Was bleibt?

Als ich im Juli 2012 mit den Proben im Studio begonnen habe, erfuhr ich recht bald von Bekundungen und Meinungen außerhalb und auch innerhalb des Nationaltheaters, die mir zugegebener Maßen damals völlig gleichgültig waren, nämlich die, dass eine BÜRGERBÜHNE nichts mit Theater zu tun habe, mehr noch, dass es sich um eine Art Nicht-Theater handeln würde. Wie muss das denen in den Ohren geschmerzt haben, die diese neue sechste Sparte, wie es Oberbürgermeister Kurz im Frühjahr 2012 ankündigte, in Mannheim etablieren wollten. Kein Wunder, so kann ich dies heute feststellen, war es allen Verantwortlichen,

Burkhard, Steffi, Tilman und sicher noch vielen anderen, ein wichtiges Anliegen, dass die erste Bürgerbühnen - Produktion, unser SoulCity, ein Erfolg werden musste, und - allen sei Dank - auch wurde. Wäre diese Aufgabe gescheitert, in der Sprache von Lajos „abgekackt", hätten sich die Unkenrufer, die Neider, die Habe-ich doch-gleich-gewusst-Sager freudig auf die Schenkel geschlagen. Nach fast vier weiteren Jahren sind die Stimmen, die Bürgerbühne sei kein Theater, immer noch nicht verstummt. Wenige langjährige Statisten, und ich kann es beurteilen, keine ungebildeten oder am Theater desinteressierten, bewerteten die Qualität der Produktionen der Bürgerbühne mit dem Attribut eines UN-THEATERS, obwohl sie noch nie eine Vorstellung der Bürgerbühne besucht haben. Liege ich falsch, wenn ich ein ländliches Sprichwort zitiere? „Was der Bauer nicht kennt, frisst er nicht." Die Grenzen sind fließender geworden, die Meinungen nicht mehr, aber immer noch etwas, kategorisch. Mir stellt sich in diesem Zusammenhang die, ich gebe zu nicht oder nur schwer zu beantwortende Frage, was denn Theater überhaupt sei, wenn manche Produktionen als Nicht-Theater bezeichnet werden. Ich bin weder Theaterwissenschaftler, Dramaturg oder Regisseur und vermag nur, meinen persönlichen Empfindungen folgend, für mich eine Antwort zu finden. Ich erhoffe mir von gutem Theater, dass es Themen behandelt, die zwar auch aber nicht nur zur Belustigung des Publikums dargeboten werden. Ich wünsche mir, dass Lebensvorgänge, gesellschliche Entwicklungen aufgegriffen werden, die in den öffentlichen Raum hinein wirken und nicht schon nach der Premiere der Form und der Produktionskosten halber bis zum Ende der Spielzeit aufgeführt werden. Ich gebe zu, ein Theater hat in vielfältiger Art um die Aufmerksamkeit der Zuschauer als Konsumenten zu kämpfen und nicht alle, die dem Theater die Treue halten, würden meine Auffassung unterschreiben wollen. Wenn ich SoulCity betrachte, dann darf ich mit Freude sagen, dass unsere Themen z.B. Kindesmissbrauch, Katastrophen (Ramstein), Krankheit (Depression), Arbeitslosigkeit und Integration nicht nur in der Premierenkritik aufgegriffen wurden. Fast nach jeder Vorstellung wurden Interessierten Nachbesprechungen angeboten und in vielen spontanen Treffen im Casino des Studio Werkhaus diskutierten wir Mitspielerinnen und Mitspieler mit unseren Zuschauern. Wir haben, ohne vermessen zu sein, einen zugegebenermaßen kleinen öffentlichen Raum erreicht. Und, man denke nur an Mail - Rückmeldungen von Lehrern und Dozenten, an den

„Weimarer Pfarrer", der unsere Themen in seiner Predigt verarbeitete, Einzelstatements, „noch nie etwas Bewegenderes gesehen zu haben". Unsere Themen wurden auch außerhalb des Theaters kontrovers diskutiert. Als wir das Thema Kindesmissbrauch auf die Bühne brachten, wusste noch niemand von den Enthüllungen im Klerus, der Odenwaldschule und wie vor kurzem berichtet bei einem berühmten Kinderchor. Als wir über Ramstein berichteten hatte noch kein German Wings Pilot eine Maschine bewusst abstürzen lassen und als wir Texte über Depressionen sprachen, war das gesellschaftliche Ausmaß einer solchen Erkrankung noch nicht absehbar. Jeder einzelne muss für sich entscheiden, ob das, was wir, was andere Bürgerbühnen-Produktionen unter professioneller Regie und Dramaturgie dargeboten haben, Theater ist oder nicht.

Auf Anregung von Lajos habe ich die Funktion der Bürgerbühne auch unter dem Gesichtspunkt des **Biografischen Theaters** betrachtet. Hierzu fand ich, dem Internet sei gedankt, einen Aufsatz von Norma Köhler (Sie hat seit 2010 eine Professur für das Fach Theaterpädagogik am Fachbereich Angewandte Sozialwissenschaften an der Fachhochschule Dortmund).

Sie schreibt, biografisches Theater sei ein lebensweltorientierter Theateransatz, bei dem die Darsteller persönliche Erfahrungen, Wünsche, Meinungen und Werte zum zentralen Inhalt der theatralen Gestaltung machten. Die damit einhergehende Verbindung von Biografie- und Theaterarbeit habe sich bis heute in den unterschiedlichsten theaterpädagogischen Arbeitsfeldern manifestiert. In der Leitidee einer Kultur von allen für alle, nicht nur mit dem Anspruch, insbesondere sozial benachteiligten Menschen einen Zugang zu den etablierten Künsten zu ermöglichen, sondern mit ihnen **neue Darstellungsformen** zu suchen, die dem Habitus dieser Bevölkerungsschichten entsprächen und an ihren alltagsrelevanten Themen anknüpften. Hierdurch ließen sich künstlerische Produktionen mit der Zielgruppe selbst auf der Grundlage ihrer geteilten biografischen Erfahrungen erarbeiten. Biografisches Erzählen sei elementarer Bestandteil performativer Inszenierungskunst, die in den letzten Jahren zunehmend die Ästhetik im professionellen Theater präge. Biografisches Theater erarbeite primär biografisches Material, das im Probenprozess inszenatorisch verdichtet und in der Aufführung wiederholt werde. Die Spieler sollen nicht Erfüllungsgehilfen einer Inszenierungsidee sein, vielmehr Mit-Gestalter durch Einbeziehung an Entwicklungsschritten der Produktion. Biografisches Theater – Bürgerbühne?

Meine unmaßgebliche Meinung stelle ich zurück und überlasse das Wort keinem geringeren als Friedrich Schiller.

Was kann eine gute stehende Schaubühne eigentlich bewirken? Auszug aus einer Vorlesung, gehalten zu Mannheim in der öffentlichen Sitzung der kurpfälzischen deutschen Gesellschaft am 26. Juni 1784.

„...Die Schaubühne ist die Stiftung, wo sich Vergnügen mit Unterricht, Ruhe mit Anstrengung, Kurzweil mit Bildung gattet, wo keine Kraft der Seele zum Nachteil der andern gespannt, kein Vergnügen auf Kosten des Ganzen genossen wird. Wenn Gram an dem Herzen nagt, wenn trübe Laune unsre einsamen Stunden vergiftet, wenn uns Welt und Geschäfte anekeln, wenn tausend Lasten unsere Seele drücken, und unsre Reizbarkeit unter Arbeiten des Berufs zu ersticken droht, so empfängt uns die Bühne – in dieser künstlichen Welt träumen wir die wirkliche hinweg, wir werden uns selbst wieder gegeben, unsre Empfindung erwacht, heilsame Leidenschaften erschüttern unsre schlummernde Natur, und treiben das Blut in frischeren Wallungen. Der Unglückliche weint hier mit fremdem

Kummer seinen eigenen aus, - der Glückliche wird nüchtern, und der sichere besorgt. Der empfindsame Weichling härtet sich zum Manne, der rohe Unmensch fängt hier zum ersten Mal zu empfinden an. Und dann endlich – so oft zu Boden getretene, so oft wieder auferstehende Natur – wenn Menschen aus allen Kreisen und Zonen und Ständen, abgeworfen jede Fessel der Künstelei und der Mode, herausgerissen aus jedem Drange des Schicksals, durch *eine* allwebende Sympathie verbrüdert, in **ein** Geschlecht wieder auflöst, ihrer selbst und der Welt vergessen, und ihrem himmlischen Ursprung sich nähern. Jeder Einzelne genießt die Entzückungen aller, die verstärkt und verschönert aus hundert Augen auf ihn zurück fallen, und seine Brust gibt jetzt nur **einer** Empfindung Raum – es ist diese: ein **Mensch** zu sein."

EPILOG

Das ist das, woran ich mich erinnere. Ich wurde gefragt, woran ich mich erinnere. Die Krankheit, ja, aber darüber spreche ich nicht.

Gut, mit wem ich wie zusammen bin, war, mit wem nicht, wie, wann, warum? Diesen Satz, wer hat den gesagt? „Ich bin nicht auf einen Aspekt reduzierbar." Das ist schon von mir.

Oder: „Mir ist jeder lieber der, unrhythmisch tanzt, der schlecht tanzt, der nicht tanzen kann und blöd aussieht dabei, als die, die nur außen rumstehen und zugucken."

Der Satz ist noch da. Aber der Zusammenhang ist weg. Ich weiß nicht genau, warum ich mich gerade daran erinnere. Es muss ja viel mehr geben, als das. Es muss ja eine ungeheure Erinnerungsfülle geben. Vielleicht erinnere ich mich jetzt gleich hier noch an anderes, dass ich vergessen hatte.

„Kleinfliegen haben durch ihre günstige Haltung zu den Zufällen der Welt ein fast ewiges Leben." Sie scheint unbeweglich. Ich hole sie mit dem Finger aus dem Glas und lege sie auf den Tisch. Sie sieht tot aus. Das Tier aber, nach einer Minute oder so, bewegt es sich heftig. In der nächsten Minute ist sie verschwunden, offenbar flugfähig.

Ein zähes Tier, das meine Achtung besitzt.

(Miri)

www.ingramcontent.com/pod-product-compliance
Lightning Source LLC
Chambersburg PA
CBHW031625210526
45464CB00004B/1751